L'aparador

Àrea privada de caça

El mètode Grönholm

Victòria Szpunberg

L'aparador

Enric Nolla

Àrea privada de caça

Jordi Galceran

El mètode Grönholm

Proa

TEATRE NACIONAL DE CATALUNYA
Plaça de les Arts, 1
08013 Barcelona
Tel. 93.306.57.00
Fax 93.306.57.01
e-mail: info@tnc.es

ECSA
Diputació, 250
08007 Barcelona
e-mail: proa@grec.com
www.edicions-proa.com

Primera edició: març del 2003

Consell de publicacions:
Carles Batlle
Enric Gallén

Disseny de la coberta:
Jordi Casas

ISBN: 84-8437-525-0
Dipòsit legal: B-8.497 - 2003
Fotocomposició: Rialtex, SL
Impressió: ROMANYÀ / VALLS
Verdaguer, 1. Capellades (Barcelona)

Sumari

T-6, PROJECTE DE CREACIÓ DE DRAMATÚRGIA CONTEMPORÀNIA

El Teatre Nacional de Catalunya presenta durant la temporada 2002-2003 el projecte T-6 de dramatúrgia contemporània, del qual us presentem en aquest volum les tres últimes propostes.

El projecte T-6 es va crear per consolidar i ajudar des d'un teatre públic les creacions dels autors dramàtics contemporanis i estimular l'escriptura de nous textos i l'aparició de noves veus. Els autors vinculats al projecte (sis per temporada, cinc de catalans i un d'estranger) han estat incorporats al teatre com a «autors residents», és a dir, han treballat els seus nous textos des de dintre del teatre, comptant amb la complicitat de dramaturgs, directors i actors vinculats al teatre.

Aquest funcionament ha servit perquè els autors confrontin en tot moment la seva escriptura amb la realitat de la pràctica escènica. S'ha creat una dinàmica de grup a l'hora de la gestació i la realització dels textos que ha ajudat l'autor a superar una certa «solitud» o sensació de trobar-se escrivint teatre d'esquena o al marge de la realitat escènica. Es va partir d'uns paràmetres de producció determinats (pressupost mitjà, número reduït de personatges i altres premisses tècniques) per afavorir i garantir des del primer moment l'estrena de les obres a la sala Tallers del Teatre Nacional.

Els textos que presentem en aquest volum, per ordre cronològic d'estrena, són *L'aparador* de Victòria Szpunberg, *Àrea privada de caça* d'Enric Nolla i *El mètode Grönholm* de Jordi Galceran.

Victòria Szpunberg (Buenos Aires, 1973) és una de les joves i novíssimes veus del nostre panorama teatral. L'any 1998 va guanyar un accèssit al premi María Teresa de León amb l'obra *Entre aquí y allá*. L'obra, que va formar part del cicle de Nous Autors de la Sala Beckett, va representar-se l'any 2000 al Teatre de la RESAD de Madrid. També s'ha representat a Nova York (Here Festival, American Living Room) l'agost del 2001. Szpunberg ha format part de la Residència Internacional del Royal Court Theatre (2000). Ha fet dramatúrgia per a diversos espectacles de dansa contemporània i ha obtingut la borsa d'ajut a la Creació de Textos Teatrals del TNC, l'any 2001, per al projecte *Esthetic Paradise*, del qual es va fer una lectura dramatitzada al Sitges Teatre Internacional 2002. Amb *L'aparador*, Szpunberg s'interessa per la pressió que exerceix la moda sobre els creadors, per l'autenticitat de l'artista, per la funció de l'art en la societat... Un jove artista munta un aparador. Serà una nit sencera plena de tensions i de fantasmes: un home elegant s'aturarà a provocar-lo, un emmascarat voldrà rebentar l'aparador amb una pedra, apareixerà una dona d'aspecte romàntic i misteriós, i també hi haurà un intrús que, carregat de bosses de plàstic, buscarà refugi rere el vidre. Al capdavall, l'artista canvia: el seu acte de sinceritat artística, durant uns breus instants, haurà semblat possible.

Enric Nolla (Caracas 1966). Va guanyar el Premi de la Crítica Serra d'Or 2001 per *Hurracan*, estrenat al festival d'estiu de Barcelona GREC amb direcció de Rafel Duran, i va repetir el mateix premi l'any 2002 per *Tractat de blanques*, estrenat a la Sala Beckett l'any 2001 amb direcció de Magda Puyo. Amb *Sortida d'emergència*, Nolla va obtenir una de les borses d'ajut a la creació de textos dramàtics en llengua catalana del TNC; se'n va fer una lectura escenificada al Sitges Teatre Internacional 2002 dirigit per Carlota Subirós.

A *Àrea privada de caça*, Virgínia i Mateu, per alguna raó inexplicable, pateixen els efectes d'una força que els impulsa a una carrera desenfrenada, a una aventura al límit i sense pausa... Fins a la seva trobada fortuïta. Però no es tracta d'un final feliç, sinó d'un desenllaç necessari que posa fi a una profunda lluita interior. Els altres personatges de la història queden fora de joc davant la intensitat i la capacitat de destrucció dels dos protagonistes. L'addicció al sexe, la venjança a causa d'una antiga guerra i la pèrdua de la memòria són els temes que condicionen el caràcter i les diferents situacions viscudes al llarg de l'obra.

Jordi Galceran (Barcelona 1964). El 1995 va guanyar el Premi Born de Teatre amb *Paraules encadenades*, que es va estrenar el 1998 al Teatre Romea dirigida per Tamzin Townsend. El mateix any va guanyar el Premi Ignasi Iglésias amb *Dakota*, estrenat el 1996 al Teatre Poliorama amb direcció de Josep M. Mestres. Ha realitzat traduccions i adaptacions de diverses obres, entre les quals *Estan tocant la nostra cançó*, *Políticament incorrecte* o *La trilogia de l'estiueig* de Carlo Goldoni. A més de la seva activitat teatral, ha treballat com a guionista de televisió: *Nissaga de poder*, *El cor de la ciutat*, etc. Enguany ha estrenat el musical *Gaudí*, que ha escrit conjuntament amb Esteve Miralles.

A *El mètode Grönholm*, quatre candidats –tres homes i una dona– es presenten a la fase final d'unes proves gens convencionals que ha organitzat una important multinacional per triar un alt executiu. A què estan disposats a renunciar per aconseguir la feina? Fins on arriba el seu esforç i la seva lluita per obtenir el lloc de treball somiat? Quins són els límits morals de l'actuació dels quatre candidats? El joc entre els aspirants esdevé també un combat de sentiments, ambicions i enveges, sempre en els límits entre la realitat i la ficció, entre la veritat i la mentida.

Sergi Belbel

Repartiment

L'aparador

Sr. Boix	Francesc Albiol
Fran	Victor Alvaro
Clara	Maria Molins
Hölder	Ricardo Moya

Fitxa artística

L'aparador, de Victòria Szpunberg
Sala Tallers
De l'11 al 23 de febrer de 2003

Direcció	Toni Casares
Escenografia	Bibiana Puigdefàbregas
Vestuari	M. Rafa Serra
Il·luminació	Kiko Planas (a.a.i.)
So	Xavi Oró i Pep Solórzano
Ajudanta de vestuari	Berta Riera
Alumne de l'Institut del teatre de la Diputació de Barcelona en pràctiques	Francesc Cerro (Direcció)
Producció	Teatre Nacional de Catalunya
Muntatge, assaigs i representacions	Equips tècnics i de gestió del Teatre Nacional de Catalunya

Teatre Nacional de Catalunya
Temporada 2002/2003
Direcció de Domènec Reixach

Repartiment

Àrea privada de caça

Virgínia	Mercè Arànega
August / Homes desconeguts	Miquel Gelabert
Mateu	Francesc Garrido
Estrella / La taxista	Julieta Serrano

Fitxa artística

Àrea privada de caça, d'Enric Nolla
Sala Tallers
Del 18 al 30 de març de 2003

Direcció	Rafael Duran
Escenografia	Bibiana Puigdefàbregas
Vestuari	M. Rafa Serra
Il·luminació	Kiko Planas (a.a.i.)
So	Xavi Oró i Pep Solórzano
Ajudanta de vestuari	Berta Riera
Producció	Teatre Nacional de Catalunya
Muntatge, assaigs i representacions	Equips tècnics i de gestió del Teatre Nacional de Catalunya

Teatre Nacional de Catalunya
Temporada 2002/2003
Direcció de Domènec Reixach

Repartiment

El mètode Grönholm

Ferran	Jordi Boixaderas
Enric	Lluís Soler
Mercè	Roser Batalla
Carles	

Repartiment en curs. L'obra va ser entregada per ser publicada algunes setmanes abans d'acabar el procés de repartiment.

Fitxa artística

El mètode Grönholm, de Jordi Galceran

Sala Tallers
Del 29 d'abril a l'11 de maig de 2003

Direcció	Sergi Belbel
Escenografia	Paco Azorín
Vestuari	M. Rafa Serra
Il·luminació	Kiko Planas (a.a.i.)
So	Xavi Oró i Pep Solórzano
Ajudanta de vestuari	Berta Riera
Producció	Teatre Nacional de Catalunya
Muntatge, assaigs i representacions	Equips tècnics i de gestió del Teatre Nacional de Catalunya

Teatre Nacional de Catalunya
Temporada 2002/2003
Direcció de Domènec Reixach

L'aparador

Nota de l'autora:

Tal com s'ha desenvolupat el projecte T-6, en una dinàmica de diàleg continu, l'escriptura d'aquest text encara segueix oberta a les modificacions que es faran durant el procés d'assajos i després del muntatge, per això aquesta obra és una versió de treball i no una funció tancada.

Espai únic

Aquella franja delicada que hi ha entre
l'interior d'un aparador i la persona que mira des de fora.

Temps únic

Aquell temps delicat que hi ha entre la posta de sol i l'alba.

Personatges

Sr. Boix
Fran
Clara
Hölder

Preàmbul

Hölder *(està mirant el públic. Tanca els ulls i somriu)*: Estic segur que a tu t'agradaria aquell vestit. Quan tingui diners estalviats te'l compraré. És vermell, elegantíssim, fa tant per tu, Suzzette. Aquesta ciutat és molt maca, la millor ciutat on poder seguir el teu rastre, aquí serem feliços... Si passeges des de la zona alta fins al mar pots veure aparadors maquíssims, un ja no sap cap a on mirar, tot sembla màgic. A mi m'agrada venir a veure el vestit vermell i pensar en tu. Sé que m'estàs esperant, Suzzette, alguna cosa em diu que ets aquí, en alguna part d'aquesta ciutat...

El nostre país es mor i entenc que decidissis anar-te'n, però si m'haguessis dit on exactament, una adreça, un número, una pista... pedres en el camí... Si m'haguessis dit alguna cosa abans de marxar ara seria més fàcil que ens trobéssim, no et sembla? Europa és molt gran, Suzzete, molt gran... Però jo mai no deixaré de buscar-te.

A l'altre costat tot es descompon, però aquí encara queden coses maques per mirar. *(Hölder obre els ulls.)* Què fa l'aparador buit?

Acte I

L'aparador al vespre

La llum ens indica que aviat es farà de nit.

Tardor.

Fran *és un noi jove, prim, esvelt, amb un aire entre adolescent i adult, vestit amb certa elegància moderna i informal, està d'esquena al públic.*

Silenci llarg.

Fran *es mou lleugerament, dubta, fa alguns moviments amb els braços: s'acosta les mans a la cara, es tapa un ull, es posa una mà al front a manera de visera..., fa tres passos horitzontalment i torna a repetir els gestos anteriors. Un altre silenci. Fa tres passos endavant, s'ajup, alguna cosa no funciona i no sap què és. Treu una cinta mètrica de la butxaca, hi juga, la llença a l'aire i la recull amb la mà, torna al lloc inicial, sempre donant l'esquena al públic. Es queda immòbil. Repeteix els gestos anteriors. Fa tres passos horitzontalment i torna al lloc de sempre, s'ajup, torna a aixecar-se. Mira al cel. Mou el cap de banda a banda, sospira i torna a repetir els gestos.*

Pausa. Fran *es gira cap al públic, com si hagués vist algú. Torna a mirar al fons de l'escenari.*

Pausa.

Veiem per primer cop l'aparador.

Al fons, un aparador pràcticament buit. Dins només hi ha una línia vertical i un maniquí nu. El maniquí està mirant enfront. En un extrem apareix el senyor Boix, *un home madur que per caminar fa servir un bastó de fusta de roure amb el mànec de plata. Porta un vestit elegantíssim.*

El seu rostre, tot i que encara no el veiem, transmet una intel·ligència del tot llefiscosa.

El Sr. Boix observa el noi, sense que aquest se n'adoni.

El noi no deixa de mirar el fons de l'escenari.

El noi s'adona de la presència del Sr. Boix. Es miren. El noi intenta seguir amb la seva activitat. El Sr. Boix no deixa de mirar-lo fins que el noi s'incomoda.

Fran: Què mira?

Pausa.

Fran: Té algun problema?

Sr. Boix: Si tinc algun problema? Depèn de com t'ho miris... De fet, podríem dir que en tinc molts, de problemes, sí, però també podríem dir que no en tinc cap. Els homes no fem més que crear problemes ficticis per després haver-los de resoldre. I jo no en sóc cap excepció.

Pausa breu. Fran mira el Sr. Boix.

Fran: Vull dir que si té algun problema concret. Li passa alguna cosa? *(Cap a dins.)* Hòstia...

Sr. Boix: Ah... Concret... Vols dir tangible?

Fran: Fa estona que no deixa de mirar-me. Es pensa que no me n'he adonat?

Sr. Boix: I això et sembla que és un problema?

Fran: No, suposo que no. *(Pausa. Fran intenta continuar amb la seva activitat. El Sr. Boix no deixa de mirar Fran. Fran es gira.)* Sí, sí que és un problema.

Sr. Boix: Ah sí?

Fran: Sí.
Sr. Boix: Per què no pares de mirar-me, tu a mi?

Pausa.

Fran: Molt bé. *(Fran es gira. Pausa.)* Ara no l'estic mirant. Per què no se'n va? *(Pausa.)* Tinc feina, no ho entén? *(Fran es torna a girar.)*
Sr. Boix: Ets tu qui està pendent de mi. Te n'adones? Jo no faig res. Res. Som en un espai públic. Estic quiet en un espai públic. Estava passejant i he decidit aturar-me justament aquí. És diumenge a la tarda, a veure si un diumenge a la tarda no puc caminar per allà on vulgui i aturar-me allà on vulgui i mirar allà on vulgui... Puc mirar allà on vulgui. Puc ocupar qualsevol angle de visió...

Fran es col·loca davant el Sr. Boix molt a prop.

Fran: Jo també.
Sr. Boix: És clar...

Pausa. Un davant de l'altre.

Sr. Boix: A mi m'agrada molt observar la gent els diumenges, saps?
Fran: Ah sí?

Fran s'està molt a prop del Sr. Boix. El Sr. Boix fa un gest amb el bastó i mou Fran cap un costat. Després assenyala el fons de l'escenari amb insistència. Pausa.

SR. BOIX: Això que estàs fent... *(El SR. BOIX fa una passa enrere per assegurar el seu equilibri.)*

FRAN: Què passa?

SR. BOIX: Tan de bo estiguéssim segurs del que fem, oi? *(Pausa breu.)* La vertical, potser... Exacte. La línia vertical hauria d'anar una mica més cap a la dreta. *(El SR. BOIX s'apropa una mica al fons. Pausa breu.)* La vertical ens dóna dues meitats gairebé exactes, ho veus, no interessa gens; dues meitats exactes són massa funcionals, tan funcionals que no serveixen absolutament per a res. Com els diumenges a la tarda, que tampoc no serveixen absolutament per a res... *(El SR. BOIX dibuixa alguna cosa a l'espai. Agafa FRAN i el gira cap al fons.)* Jo desviaria una miqueta la vertical cap a la dreta. No n'hi ha d'haver mai, d'equilibri. *(Torna a fer un dibuix a l'espai. Com una línia trencada.)* Hauries de trencar una mica la simetria.

FRAN: A mi m'agrada tal com està. Vagi-se'n.

Pausa.

SR. BOIX: Un mil·límetre pot definir coses molt importants. La longitud petita, mil·lèsima part d'un metre, allò que sembla que no sigui res i ho és tot. *(Pausa. El SR. BOIX fa un moviment amb el bastó. FRAN el mira.)* L'home vulgar ho generalitza tot... Saps de què parlo? *(Pausa breu. FRAN està a punt de dir alguna cosa, desisteix, segueix amb la seva feina, com si el SR. BOIX no hi fos. S'apropa al fons de l'escenari i comença a mesurar el terra amb la cinta mètrica.)* Que em sents? És clar que em sents, em sents perfectament. El que passa és que ja no voleu aprendre res. Tu també tens cara de no voler aprendre res. On has estudiat, tu?

FRAN: Però què diu? *(Es gira cap al SR. BOIX.)*

Pausa.

Sr. Boix: No has estudiat enlloc, tu? Fas cara de... Però si ara tothom estudia, o potser ets un rebel que no ha volgut anar a l'escola?

Pausa. Fran *s'aixeca.*

Fran: Sí que he estudiat, imbècil. A l'Escola d'Art. No cal que em doni cap lliçó...
Sr. Boix: «A l'Escola d'Art.» *(El Sr. Boix riu.)*
Fran: De què collons riu?
Sr. Boix: ...I què has estudiat a l'Escola d'Art? Has estudiat Disseny gràfic, potser? Vídeo art? El nòvio de la meva filla estudia Art digital... Ja em diràs. Art digital... Tu em pots explicar què vol dir Art Digital?
Fran: Sí. No.
Sr. Boix: No es diu Art Digital? Doncs com es diu...? Cada cop que el veig m'ho explica però després mai no recordo...
Fran: Es diu...
Sr. Boix: Tant se val... Es digui com es digui és una ximpleria.
Fran: No, no ho sé com es diu. Una ximpleria? Té raó: L'home vulgar ho generalitza tot... Escolti: Vostè què s'ha pensat? Escolti: Vostè no té cap dret a parlar-me en aquest to. No, no... Vostè no té dret a parlar-me, en cap to. Jo no vull establir cap mena de conversa amb vostè. Hòstia puta. En cap to. Vagi-se'n. Hòstia. No, no, escolti un moment, imbècil, jo, de fet, jo no he estudiat Vídeo art ni Art digital ni Net art ni res de tot això, val? He estudiat pintura.
Sr. Boix: *(Pausa breu.)* Ah, pintura. *(Pausa breu.)* Llavors perdona, perdona la meva impertinència. Has estudiat pintura. Bé, bé, bé... Has fet servir les mans, doncs... Coneixes el co-

lor... El pigment... Coneixes el matís... El fresc... Perdona la meva impertinència, jove, si em dius que has estudiat pintura les coses canvien. *(El Sr. Boix fa una reverència impertinent. Després es queda mirant l'infinit. Pausa.)* Com m'hauria agradat ser pintor, sí. *(Torna a fer un dibuix a l'espai, aquest cop el seu moviment és més lent.)*

Fran: No pensa marxar, oi? Hòstia. Per què no se'n va a l'altra cantonada?

El Sr. Boix es mou cap a un altre punt de l'escenari. Mira a l'infinit.

Sr. Boix: El contacte directe amb la tela; la manipulació real del pinzell; el gruix de la pintura, la seva olor... El quadre que es va creant físicament, que ocupa un espai real davant el pintor... El llenç blanc va transformant-se en un esbós, després apareix el retrat o potser el paisatge, les formes abstractes, sigui el que sigui sempre és autèntic... La relació de l'artista amb l'obra és una relació real... La pintura és un art superior, bé que ho sé. Es tracta d'un espai veritable; d'un art veritable... Actualment res d'això no es valora, tret dels grans col·leccionistes que encara sabem apreciar la feina profundament artística... Això que estudia el nòvio de la meva filla, per exemple...

Fran: Només em faltava això...

Sr. Boix: ...Ja em diràs: tanta tecnologia dirigida per cervells plans, sense solta ni volta, sense dolor... Si la meva filla es casa amb aquell imbècil penso retirar-li tota l'herència... *(Fran treu de dins de la botiga una ràdio i l'engega. El Sr. Boix parla més fort, s'excita una mica amb el seu discurs. Fran fa com si no l'escoltés.)* Aquestes banalitats són lleugeres i repugnants com la caspa... I cauran pel seu propi pes, el seu pes insignificant les farà caure, el seu pes caspós, lleuger... Les coses lleugeres poden arribar a ser insofribles, nano... Com la caspa, que mai no se'n va del tot... «Prem un botó i et sortirà una tita.» La seva última instal·lació. Va ser ahir a la nit, encara deuen estar de festa... Això és art? «Això és art?» Li pregunto. I em diu que sóc un feixista. Un feixista, jo... No coneix el sentit real que tenen les paraules. «Feixista»... Odio el seu llenguatge. Deu tenir posat un pírcing entre la llengua i el cervell que li bloqueja qualsevol tipus d'expressió elevada. I això que ve de bona família... Tota la colla de desequilibrats que corre al seu voltant, sempre rient, sempre repetint la frase màgica: «Molt fort, tio, el que dius és molt fort.» *(Pausa breu. El Sr. Boix es gira amb un cop ràpid cap a Fran.)* Digue'm una cosa, tu que ets jove, a què us referiu exactament quan dieu «molt fort»? *(Pausa breu.)*

Fran: «Molt fort», vostè, per exemple, vostè aquí, ara... Això és «molt fort» i jo estic a punt de... Escolti: Jo també tinc un pírcing, imbècil. I què? Li molesta? Si a mi m'agrada quin problema hi ha?

Sr. Boix: El tens a la llengua?

Fran: No.

Sr. Boix: No us referiu a res. Aquest és el problema: La manca de referències...

Fran: Ah sí? I quines són les seves referències? Digui'm les seves «putes» referències. I com les fa servir avui dia?

Fran apuja el volum de la ràdio.

Sr. Boix: És clar que no demano genialitats, però «Prem un botó i et sortirà una tita». Què collons vol dir, això? Li he dit mil vegades: Vols fer *performances*? Molt bé, però fes-les amb rigor, jo tinc contactes amb compositors excel·lents, escenògrafs, directors d'òpera... Ho ha tingut tot, podria tenir-ho tot... i què fa? Es col·loca darrere una màquina que quan prems un botó ella mateixa t'ensenya la seva tita. Digue'm tu quin interès pot tenir la seva polla?! Que fort, oi? No m'escoltes. Sí, de la mateixa manera que tu no m'estàs escoltant ara, de la mateixa manera ell no m'escolta mai... On tens el pírcing? *(Pausa breu. El Sr. Boix s'apropa a Fran lentament, li parla amb un to més amable.)*

Fran: Fa estona que no l'escolto. Ho sento, no puc perdre el temps.

Sr. Boix: Ja no et deixen anar a poc a poc, oi? No et deixen temps per endinsar-te fins al fons de les coses. S'ha de relliscar, trepitjar caps i després relliscar per les superfícies plaaaaaanes, això és el que es fa ara. Un bon quadre, en canvi, requereix esforç; l'esforç que neix dins d'un mil·límetre de l'ànima per enllaçar amb la mà que fa de pont del pinzell que penetra la tela... Pensa en els grans mestres, aquells que preparaven els seus propis pigments, amb les seves pròpies mans: Ho tocaven tot amb les seves pròpies mans... Així que tu has estudiat pintura... I què collons fas decorant aparadors? *(Pausa. Fran apaga la ràdio.)* Eh, què collons fas? Si a això que fas se li pot dir decorar, és clar... Una línia vertical clavada al centre... Hi posarà alguna cosa, en aquesta línia? El nom de la botiga, potser? Els preus? I com vestiràs el maniquí? Em sembla que tens un cap massa esquemàtic, nano...

Pausa. Fran s'apropa molt al Sr. Boix, el mira fixament. Pausa. Fa unes passes.

Fran: Ara entraré a dins. Quan surti no el vull veure aquí, m'ha entès?

Fran va cap al fons de l'escenari. Entra dins l'aparador.

Sr. Boix: No em vol veure aquí... Quina gràcia. I quin era el teu estil quan pintaves?!!! Veient-te treballar puc imaginar-me perfectament el que pintaves... Paisatgets primaverals, oi?!!! On vas, a moure la vertical cap a la dreta? Per què t'ho he dit jo?!!! *(Pausa breu.)* Com odio els diumenges, Déu meu, quin dia més... poc «dia», sort que aviat es farà de nit. *(El Sr. Boix somriu: saluda Fran. Fa senyals d'indicació.)* Sí, molt bé. Una mica més cap a la dreta, ara. Fins i tot diria que superes la idea de diumenge, potser ets un diumenge al matí, quan encara hi ha una mica d'esperança i un s'asseu a esmorzar croissants i suc de taronja amb la família... *(Torna a sortir Fran.)* Potser ara t'ha quedat massa cap la dreta, no trobes?

Pausa breu.

Fran: Per a mi vostè s'acaba de convertir en un arbre.

Sr. Boix: Una metàfora preciosa. Llàstima que siguem a la tardor...

Fran: Per què no em deixa en pau?

Sr. Boix: «La pau»... Una idea completament «diumenjosa», tampoc no serveix per a res.

Fran: Escolti: Haig d'acabar aquesta feina abans que es faci de nit. Tinc feina, si us plau. Per a mi no és un diumenge qualsevol, no és un diumenge diumenge, vull dir. Tinc feina. Escolti. Apropi's. Miri!!! vingui aquí. Miri!!! Vostè sap quin aparador estic decorant? Acosti's. Vostè sap per a qui treballo, jo? Ho sap? Casa Boix... Sap qui són? Sap qui són? A mi m'ha contractat la casa Boix. *(Pausa breu.)* Es pensa que aquesta feina la pot fer qualsevol? També és una feina artística, el que jo faig. Artística. I complexa. Hi ha una perspectiva, un punt de vista, una mirada. No m'entén... Vull dir que no és el mateix col·locar un maniquí que dos, però què li explico... Vostè no en té ni puta idea... hòstia... No sé què es pensa però aquesta feina no la pot fer qualsevol.

Sr. Boix: No, és clar. S'ha de ser Miquel Àngel...

Fran: No, no cal ser Miquel Àngel. Però un cert sentit de l'estètica...

Sr. Boix: L'Estètica? Digues... Què, eh? El tens tu, un sentit de l'estètica? No ho noto...

Fran: Un sentit de l'estètica... Encara no està acabat.

Sr. Boix: (De l'estètica?) Del màrqueting visual!

Fran: No és només això.

Sr. Boix: ...Màrqueting visual perquè les senyores fines...

Fran: Aquesta marca...

Sr. Boix: I els seus marits quan surten del despatx...

Fran: No sap que...

Sr. Boix: ...amb els fills que, evidentment, estudien al Liceu Francès...

Fran: Aquesta marca...

Sr. Boix: Fills que parlen tres idiomes des dels cinc anys per no dir mai res d'interessant a la vida...

Fran: ...utilitza referències artístiques.

Sr. Boix: Visió enlluernadora. I talonari. *(Pausa breu.)* El nòvio de la meva filla va estudiar a Londres i a París per fer instal·lacions amb referències artístiques... Tan de bo s'hagués fet pagès.

Fran: Va estudiar a Londres i a París, quina sort...

Sr. Boix: Aquest país necessita més pagesos i menys artistes casposos.

Pausa.

Fran: Què vol de mi?

Sr. Boix: Què vull de tu? Jo?

Fran: Haig d'acabar això aquesta nit, si no em fotran al carrer...

Sr. Boix: Tens por de quedar-te sense feina?

Fran: Eh?

Sr. Boix: Tens por de fer-te gran i no ser ningú?

Fran: Vagi-se'n o trucaré...

Sr. Boix: Quant fa que no pintes? Quant fa que no agafes un pinzell? Però com has de saber agafar un pinzell si ni tan sols domines el concepte d'asimetria que cal fer servir per a decorar bé un aparador. A qui trucaràs?

Fran: Vostè és un fill de puta pervers, fa una pinta de... reprimit avorrit de vostè mateix... dóna lliçons perquè segur que no ha pintat un puto quadre a la seva vida, bla, bla, bla, li surt merda per la boca, li fa pudor la boca, bavós fastigós, les seves teories se les pot fotre pel cul, gordo miserable, foti el camp, fill de puta, la seva expressió d'insatisfet ressentit fot fàstic, suposo que dins del seu cervell cremat només hi deuen quedar cendres. *(Pausa.)*

Sr. Boix *(s'apropa i li dóna la mà)*: Bé, molt bé, nano, diguéssim que t'ha costat una mica expressar-te amb llibertat, però ara que per fi ho has fet, ara podríem presentar-nos, oi? Sóc el Sr. Boix. *(Silenci.)*

Fran: El Sr. Boix en persona...? *(Fran mira cap al fons de l'escenari.)* El... Sr. Boix de... La casa Boix? El... Boix Boix... propietari Boix...? El Boix col·leccionista...? Hòstia.

Sr. Boix: Que fort, oi?

Fran: Sí que és fort, i tant...

Sr. Boix: No et quedaràs sense feina... Però vindré demà. I això ha d'estar millor. Nosaltres no som IKEA, m'has entès? Vull que aquest aparador sigui el millor de Barcelona, m'has entès? Amb referències artístiques. I que pugui vendre. Espero que aquesta línia tingui algun sentit, comença per no moure la vertical tan cap a la dreta perquè t'ho digui qualsevol que passi per aquí i organitzar les coses amb sentit de l'estètica. Per això s'ha contractat un estudiant de pintura. Jo he demanat especialment un estudiant de pintura. He demanat un «artista jove» per decorar el «meu aparador». Oi que ho entens? Val més que demostris els teus coneixements artístics. Visió enlluernadora. I talonari.

FRAN *(està a punt de dir alguna cosa).*

SR. BOIX: Què? Què vols ara, disculpar-te? Manca d'atenció, jove. Si t'hi haguessis fixat més. Hi ha una foto meva a cada botiga... *(FRAN entra a dins.)* On vas? La línia un altre cop?

FRAN surt amb una foto. La mira.

FRAN: Hòstia. El Boix de la casa Boix... Vostè... Gràcies per venir, eh, què dic... Ho sento. Molt de gust. *(FRAN li ofereix la mà. El SR. BOIX la hi dóna.)* Si ho hagués sabut... merda.

SR. BOIX: No m'hauries dit «reprimit avorrit de mi mateix», oi?

FRAN: És clar que no...

SR. BOIX: No m'ho hauries dit, però ho hauries pensat...

FRAN: No, Sr. Boix, jo... l'admiro molt.

SR. BOIX: Doncs és que no tens un pensament lliure... No vull ni imaginar-me els quadres que deus pintar...

FRAN: Potser ho hauria pensat...

SR. BOIX: Que sóc un reprimit avorrit de mi mateix amb el cervell cremat i ple de cendres, eh? Digue-ho.

FRAN: No, mai de la vida...

SR. BOIX: Doncs potser ho sóc. Però tu no m'ho pots tornar a dir. Digues: Sóc un avorrit de mi mateix, reprimit, cervell cremat i què més... bavós fastigós... eh? M'he deixat algun compliment? Ho sóc? *(Pausa.)*

Fran: Potser... sí.
Sr. Boix: Porta els catàlegs.
Fran: Quins catàlegs?
Sr. Boix: Els que han arribat de París.

Fran entra a dins i en surt amb uns catàlegs que dóna al Sr. Boix; aquest se'ls mira.

Sr. Boix: T'agrada la meva corbata?
Fran: *(Pausa.)*
Sr. Boix: La veritat. Aquesta corbata és de la casa Boix. T'hauria d'agradar.
Fran: No. *(Pausa breu.)* Més o menys. No ho sé.
Sr. Boix: No tens una opinió clara?
Fran: Sí.
Sr. Boix: I doncs? *(Pausa. Fran vol dir alguna cosa.)* Si a tu no t'agrada la corbata no hi ha cap problema! Vivim en un país lliure!
Fran: A mi m'agrada la corbata... La seva corbata és preciosa, és el primer que he pensat quan l'he vist.
Sr. Boix: Just abans de pensar que era un reprimit avorrit de mi mateix, cervell cremat...
Fran: De debò vol una resposta?
Sr. Boix: Sí.
Fran: Sobre la seva corbata? O sobre vostè?
Sr. Boix: Deixa-ho, no t'hi esforcis... *(Troba la pàgina que buscava.)* Aquí. Aquest és el vestit que han portat de París. Aquest vestit, vull que el posis a l'aparador, m'has entès? Què et paguen per fer aquesta feina?
Fran: El Sr. Claris està fent el pressupost.
Sr. Boix: Ahà. El Sr. Claris... El Sr. Claris fa molt bé els pressupostos. Ell mateix és un pressupost amb ulls de serp i una

gran màquina calculadora que li fa de cervell i de cor al mateix temps. Quins aparadors t'han donat?

Fran: Muntaner, Passeig de Gràcia i...

Sr. Boix: El Sr. Claris és un mediocre absolut. Ara s'ha fet aficionadíssim a les instal·lacions. Abans li agradava la caça i ara s'ha passat a les instal·lacions. Sap que jo no el puc veure i es vol fer amic del nòvio de la meva filla. Avui dia la gent s'adapta molt ràpidament, nano, avui m'agrada el peix. I demà la carn.

Fran: No ho sé. Jo només faig la meva feina.

Sr. Boix: ...PER A MI. Jo estic assegut a la punta de la piràmide, fa mal al cul i de vegades em sento sol, però jo sóc qui mana. Et queda clar? *(Pausa.)* Penses que sóc un boig?

Fran: Vol una resposta, de veritat? El miri des de l'angle que el miri, el veig absolutament cremat.

Sr. Boix: La gent intel·ligent estem tots condemnats a la foguera, nano. Si no és que...

Fran: Si no és que...

Sr. Boix: ...que et facis l'imbècil. Aquesta generació a la qual pertanys... us agrada molt fer-vos els imbècils, oi? No ho sou però us ho feu. Heu perdut la carn i el gust pel pensament veritable... A mi m'agraden els pits grans i les panxes grosses i les esquenes amples i fornides i quan veig aquests cossos esquelètics sento com si el món sencer s'estigués absorbint a si mateix. Per què us agrada tant la buidor? Esteu xuclats nano... Ni tan sols és el diable... És només buidor.

Fran: Jo no...

Sr. Boix: Tu no què? No cardes mai tu? No et drogues? No fotis que a sobre d'estudiar pintura ets un noi sa. Si al final resultaràs un bon partit i tot... No fotis que ets d'aquells que els diumenges van a córrer per la platja. Ja has anat a córrer aquest matí? Aquest aparador, el vull perfecte. Fins a l'últim detall. Que m'agradi a mi; no importen els pressupostos del Sr. Claris perquè al capdavall sóc jo qui decideix. Demà al matí vull el millor aparador de la ciutat. El millor, queda clar? Vull que tot Barcelona parli del meu aparador. Ara potser hauries de moure una mica la línia cap a l'esquerra. *(Pausa breu.)* Posa-hi el vestit que han portat de París. No te n'oblidis. *(Se'n va.)*

Fran: Vol saber on tinc el pírcing?! *(En veu baixa.)* Ho vols saber, cabró?

Sr. Boix *(des de la cantonada)*: No, m'ho puc imaginar... *(Ja no el veiem.)* Tornaré demà!

Fran: No tinc cap pírcing enlloc, em fa molta por que em foradin...

Fran s'asseu al replà de l'aparador i mira el cel. Després es mira el catàleg. D'una caixa que té al costat, en treu una roba fúcsia brillant, es tracta d'un color estrident, una roba amb volants o lluentons, potser amb roba de lleopard. Fran se la mira, torna a posar-la dins de la caixa amb cert disgust. Un tros de roba surt encara de la caixa. Fran treu paper de fumar d'una butxaca dels pantalons. Després una mica de maria i es fa un porro. Hi fa una calada. Fran, assegut, es gira i mira l'aparador. Veiem Hölder que travessa el carrer.

Acte II

L'aparador de nit

És de nit.
El llum de l'aparador està encès.
A un costat de la línia vertical hi ha el maniquí, que té una roba fúcsia aguantada amb agulles. Fran *arregla una mica la roba.*
Al costat del maniquí alguns objectes a terra.
Fran *surt de dins de la botiga amb un porro a la mà, mira el carrer, respira fondo, potser fa un badall, s'anima ell sol, mira l'aparador, fa una pipada al porro, de cop i volta sentim un crit molt fort.*
Fran *s'espanta, entra a dins de la botiga, sense voler topa amb el maniquí, que cau a terra.*
Tanca el llum de l'aparador. Unes ombres es reflecteixen al vidre.
Apareix l'encaputxat. Arriba corrents. Porta una caputxa negra i una jaqueta gran. Tot el seu cos camuflat dins del vestuari. Té una pedra a la mà. crida.
Veiem Fran *a l'altra banda del vidre.*

Fran: No, no ho facis. No.

L'encaputxat fa una passa enrere.

Fran: No ho facis, no, no. Fes-ho per mi, no, no, no ho facis, quiet. *(L'encaputxat mira al seu voltant.* Fran *està sortint de la botiga. Intenta parlar amb tranquil·litat; porta un objecte* *amagat al darrere.)* Escolta, el que vols fer no té sentit, no té sentit, t'ho dic de debò, deixa això, pensa per un moment el que anaves a fer, atura't i pensa, vinga, parlem com gent civilitzada, parlem com persones, eh, pots fer-ho? Jo sóc una persona, tu també ho ets, oi? Les persones parlen entre elles, tothom té dret a exposar les seves idees, et dic «exposar», exposar en lloc d'imposar, hi ha una petita diferència. Escolta: en el viatge que fa la pedra des de la teva mà fins al vidre no hi ha espai per a la rèplica. No hi ha dialèctica. Digue'm, què vols? Dialogar? Jo t'escoltaré. Necessites parlar amb algú? Sigues una mica racional. Ho seràs? Ho seràs, eh? Podem raonar junts? Vinga, raonem. *(Pausa breu. FRAN ensenya una barra que tenia amagada al darrere.)* Fot el camp d'aquí!!! *(FRAN s'apropa a l'encaputxat. L'amenaça amb la barra; l'encaputxat no es mou. FRAN va donant cops de barra a l'aire; l'encaputxat no es mou.)* Fot el camp. Hòstia. Què vols, eh? Què vols? Allunya't... *(L'encaputxat, en un gest segur, alça la pedra. A FRAN li cau la barra.)* Escolta'm! Aquest aparador no, però si vols trencar el del costat...? Jo vigilo. Trenca la botiga del costat, si vols... T'hi veus amb cor? Vinga, és una sucursal ianqui. Són uns cabrons. L'amo és un ianqui fastigós, jo el conec, no t'apropis, parla com el «Pato Donald», oh men, how are you, men? Uah, uah, uah. És fastigós, de veritat. Té més sentit l'aparador del costat, t'ho juro, pertany a una multinacional... Els ianquis de merda, els amos del món. Molt bé, no és un MacDonalds, però et juro que el puto «amo» és calcat al «Pato Donald». Tu no li llançaries una pedra, al «Pato Donald», eh? Vinga. No li llançaries una pedreta, al puto Walt Disney dels collons i a tota la seva col·lecció de dibuixets animats perversos? Jo a la Sirenita l'ofegaria sota el mar per sempre més... L'aparador del costat sí que té sentit... Tu pensa que estàs fotent un míssil a la mateixa CIA i llances la pedra amb una ràbia justificadíssima, vinga, vés-te'n a l'aparador del costat i llança una pedra contra el mateix Bush, que també parla com el «Pato Donald». Uah, uah, uah. Vols que t'acompanyi? No t'acostis. Vols que t'acompanyi? Aquí som bona gent... Nosaltres som d'aquí. Som... som... som europeus... Per què t'acostes? *(Fran no sap què fer. Dubta. Es col·loca davant de l'aparador, com si volgués protegir-lo. Cames i braços oberts. Parla ràpid. No sap gaire bé què diu. Les seves paraules són un caos, el seu cos immòbil tot protegint l'aparador.)* Pega'm, si vols. Puc donar-te diners. Què vols? Si pogués... demà... els vidres, la pasta, saps de què parlo? Per què em vols fer això a mi?, vols insultar-me?, vols fotre'm una hòstia? Fes-ho, pega'm si vols, pega'm sisplau, què puc oferir-te?, què puc oferir-te?, pega'm, vols el meu rellotge?, què vols?, vols el...?, pega'm. *(Es treu el rellotge.)* Té, em va costar caríssim, me'l vaig pagar jo, cap regal, sóc un «currante» jo, no importa, val pasta, jo, però és igual, demà cobro... Jo no tinc pasta... té. *(Li ofereix el rellotge.)* No el vols? *(Se'l torna a posar.)* No vols aquest rellotge. És clar, per què has de voler un rellotge? És ridícul. No sé per què he pensat que volies el meu rellotge. Tu saps quina hora és, eh? Vols saber l'hora? 12:15. Però què dic? Un rellotge, l'hora, tu? No et moguis. Què penses, tu? Tu no vols diners. Això no ho vols fer per diners, és evident. Per què t'acostes tant? Molt bé. Jo no puc donar-te res, oi? Què estava dient? Res? Què fas tan quiet? *(Pausa breu.)* Crec que m'he pixat. *(L'encaputxat està molt a prop de Fran. Fran es tapa la cara. Pausa. L'encaputxat agafa la barra i la dóna a Fran. Fran es queda amb la barra a la mà, ridícul, patètic.)* Gràcies. El negre em fa por. *(Pausa.)* I ara fot el camp d'aquí!!! *(Pausa.)*

Encaputxat *(sentim la seva veu distorsionada a causa de la caputxa)*: T'has pixat.

Fran: Eh? Què has dit?

Encaputxat: No vull anar-me'n.

Fran: Doncs treu-te la caputxa. Per què no et treus la caputxa i parlem? Jo puc escoltar-te, imbècil. Vull que m'ho expliquis... Jo puc entendre't. On són els teus col·legues? On són els teus col·legues, eh? T'han deixat sol? A tu t'han menjat el tarro tio... Segur que tot això no és idea teva. Per què no t'expliques? Deixa'm que et vegi la cara. Deixa'm veure la cara que fas. Per què no et treus aquesta merda, collons?

Encaputxat: No em dóna la gana.

Fran: Darrere una caputxa és molt fàcil... Per què no m'ensenyes qui ets?

Encaputxat: I tu, qui ets?

Fran: Jo sóc qui veus.

Encaputxat: Jo també sóc qui veus.

Fran: Jo no veig ningú.

Encaputxat: Jo tampoc veig ningú.

Fran: Ah no? No veus ningú? Treu-te la caputxa!! *(Fran intenta treure la caputxa a l'encaputxat. L'encaputxat s'hi resisteix. Cauen. Rodolen per terra. L'encaputxat perd la pedra. Fran i l'encaputxat continuen lluitant a terra... alguna cosa canvia. El que era una lluita bruta pot semblar fins i tot un moviment fluid, una dansa. Després es tornen a barallar, però Fran deixa de defensar-se. Hi ha alguna cosa en el contacte amb el cos de l'encaputxat que el frena, que l'atrau, que el descol·loca. Pausa. L'encaputxat vol continuar la lluita, es llança al damunt de Fran. Fran no es mou. L'encaputxat comença a pegar-li cops molt forts. Li pega amb molta força. Fran no es -defensa.*

Encaputxat: Què passa? Per què no et defenses? Cap problema. Jo puc continuar clavant-te cops fins que rebentis si tu no et defenses. La sang no m'espanta. Vols que agafi la barra i et trenqui el cap? *(L'encaputxat agafa la barra. S'apropa a* Fran.*)* Defensa't. *(Pausa. L'encaputxat amenaça* Fran *amb la barra. Pausa.)* Si jo volgués treure'm la caputxa ja me l'hauria tret. Si jo volgués trencar-te les costelles... Em fa mandra. *(Pausa breu.)* Jo no tinc col·legues, imbècil. *(Silenci. L'encaputxat es treu la caputxa lentament. Després es treu la jaqueta. Sota la roba apareix* Clara, *una dona jove, amb una bellesa particular. El seu rostre expressa una tristor romàntica, intacta i delicada, com si hagués estat transportada des d'una altra època. El seu vestuari és elegant i modern. Una llum la il·lumina. Pausa.)* Tens aigua? Tinc molta set. *(Pausa.* Fran *no diu res: la mira enlluernat.)* Si volgués trencar els vidres els trencaria ara mateix amb el meu cap! Ja està. No necessito cap col·lega. Amb el meu cap. Amb el meu cap, hòstia, i prou, i ja està, merda, i ja està...

Ella camina molt decidida cap a la porta de l'aparador. Apropa la cara al vidre i mira cap a dins. D'alguna manera continua amagant la seva cara. Fran *la mira des de terra, molt ridícul. No sap què dir. S'asseu. Es mira els pantalons. Fa cara de fàstic. Pausa. La mira. S'aixeca. Vol apropar-se a ella. No sap què dir. Ella no el mira. Ell no sap com apropar-s'hi. Ella segueix d'esquena. Immòbil mirant l'aparador. Pausa.*

Fran: Et trobes bé?

Ella parla amb certa tristor i tranquil·litat, molt continguda i una mica cap a dins.

Clara: Estic buscant un vestit, si no et sap greu, imbècil.
Fran: Ah sí? És clar, és lògic... Aquí es venen vestits... Què?
Clara: No el veig.

FRAN: Eh? Però què busques?

CLARA: Un vestit vermell. Té uns tirants molt prims que es creuen a l'esquena. On el deuen haver posat?

FRAN: Un vestit vermell?

CLARA *(que segueix d'esquena)*: Sí, té una roba que... cau d'una manera especial.

FRAN: Ja no hi és.

CLARA: Rellisca sense que hagis de fer cap esforç. És de la temporada passada. Cau des de sota els pits cap a baix... I arriba fins als turmells... No hi és?

FRAN: Si és de la temporada passada ja no deu ser-hi. Per què t'amagues? T'he fet mal?

CLARA: No. I jo? T'he fet mal, oi?

FRAN: No importa.

CLARA: Perdona. Això què és? Aquest vestit nou és un delicte.

FRAN: És un últim model, l'han portat de París.

CLARA: Ah sí? de París? I què? Però tu l'has vist? Qui es pot posar això? Fa por i tot.

FRAN: Aquest és el model que portava l'última tia que va recollir un òscar.

CLARA: Doncs no li haurien d'haver donat. Aquest vestit és ridícul. Posar-se unes sabates fúcsies, té un altre sentit, amb els peus pots atrevir-t'hi, amb el cos sencer no... Posar-te una roba de tul al coll... però aquesta barreja de brillants amb volants i la forma que té... Això de la moda és perillós. No ho dic només per aquest vestit... Imagina't que un dia ens aixequem al matí i resulta que el millor dissenyador d'Europa ha tret un nou perfum fet amb excrements de gos, només és un exemple, t'ho imagines? *(Pausa.)* Tota la gent fent pudor de merda de gos... «Hola, què tal? T'has comprat el nou perfum?» És boníssim... La gent s' hi acostumaria tant que acabaria necessitant la pudor de merda. La pudor de merda si és molt forta fins i tot pot travessar un vidre... No m'estàs escoltant, oi? Per què em deixes parlar si no m'escoltes? No t'interessa el que dic? *(Ella apropa una galta al vidre.)* Ui, el vidre està fred. *(Ella es gira cap a* Fran*. Li veiem la cara. Té una expressió de tristor i cansament, somriu.)* Hola. Sembles el «guardià» d'un castell, tan preocupat per l'aparador, no faré res, tranquil. *(Pausa breu.)* I l'aigua? Si ets el «guardià» em pots donar una mica d'aigua. Tinc molta set. *(Pausa.)* Et trobes bé? *(Pausa breu.)* Jo no em mouré d'aquí. No vols donar-me aigua? Vols que una noia com jo es mori de set? *(Pausa breu.)* Aquest vestit, de veritat: No, de cap manera. És horrible. On vas? No te'n vagis, sisplau. T'estava parlant...

Fran: Vaig a buscar aigua. Jo també tinc set.

Clara: T'he espantat? No em mouré d'aquí, t'ho juro.

Fran entra dins de la botiga. Ella mira la pedra. S'hi apropa. Agafa la pedra. La mira. Pausa. Apareix Fran. Ella deixa la pedra a terra, a prop seu. Ell li dóna el got d'aigua.

Clara: Gràcies.

Fran: Per què volies trencar el vidre?

Ella beu aigua. El mira i somriu.

Fran: ...volies trencar el vidre per agafar un vestit?

Clara *(irònica)*: És clar, no m'arriben els diners... *(Riu una mica.)*

Fran: Ja.

Clara: Em dónes més aigua?

Fran: No.

Clara: No em mouré d'aquí. Estic molt cansada. No te'n fies, és clar. Realment t'he espantat. *(Pausa.)* No havia espantat mai a ningú. Només els gats. *(Riu. Pausa. S'aguanta el riure.)* T'has pixat a sobre, que fort.

Fran: Sí, fortíssim.

Clara: No et preocupis, els gats també es pixen... No tens uns altres pantalons?

Fran: No.

Clara: «A dins segur que n'hi ha la tira...»

Fran: No són meus.

Clara: No pots agafar-ne un? Quina ironia, haver-te de quedar amb uns pantalons pixats tenint una botiga plena de roba només per a tu... *(Fran va per buscar més aigüa. Pausa breu.)* No tens gaire força, la veritat.

Fran: M'he adonat que eres una tia, per això no m'he defensat.

Clara: Ja. Moltes gràcies per salvar-me la vida. Jo me n'he adonat, que eres «una nena», per això no t'he trencat les costelles amb la barra. Què hi fots aquí a aquestes hores? Esteu canviant l'aparador?

Fran: Per què no l'has trencat quan ho has pogut fer?

Clara: Tens un aspecte delicat, alguna cosa femenina. M'agrada el teu posat. Ets marica? T'ho dic perquè fas la típica pinta de marica anorèxic. T'ho havien dit?

Fran: Marica anorèxic? Sí.

Clara: I ho ets?

Fran: No ho sé ni m'importa... De què m'estàs parlant?

Clara: Abans em deies si volia dialogar, oi? Estic intentant dialogar amb tu, però no sé de què vols que parlem.

Fran: Molt bé. Em pots dir per què volies trencar l'aparador?

Clara: No. Aquesta pregunta ja comença a carregar-me. No saps parlar d'una altra cosa?

Pausa breu.

Fran: Una altra cosa? Vols que discutim sobre el modelets de l'última temporada? De què merda vols parlar? Què vol dir marica anorèxic? No vol dir res, res. T'he fet pena oi? Si no has trencat l'aparador és perquè no deus tenir prou motius per fer-ho. Què has de trencar, tu! Ara vols dialogar? Vinga, dialoguem: Et semblo un marica anorèxic, oi? Tu a mi em sembles una snob afectada.

Clara: Ah sí? Entre un marica anorèxic i una snob afectada pot sortir un diàleg interessantíssim. *(Pausa.)* El diàleg real ja no existeix... Només la lluita. Vine.

Fran: Què?

Clara: Vine.

Fran: Però tu què vols?

Clara: Ets un imbècil. Llança't a sobre meu.

Fran: Què?

Clara: No és el que vols?

Fran: No, no és el que vull, però, tu què t'has pres?

Clara: Ves a la merda! «Tu que t'has pres? Per què volies trencar l'aparador?» Jo intento parlar amb tu i tu em surts amb aquest interrogatori de merda. Per què no em mires? *(Pausa.)* Què passa? Demà al matí aquest aparador ha d'estar acabat, oi? Què fots perdent el temps amb una tia com jo? Treballa, vinga. Entra a dins i treballa. I què t'hi jugues? La feina? Què més t'hi jugues?, la vida?, la família?, tu no fas pinta d'haver de mantenir ningú. Fas pinta de no estimar ningú.

Fran: Tu tampoc.

Clara: No, jo tampoc no he estimat mai ningú. Devem ser molt semblants, tu i jo. (Potser, fins i tot, estem fets l'un per l'altra.) *(Pausa breu.)* Entra a dins, et donaré indicacions, puc ajudar-te... Jo en sé molt, d'aquestes coses.

Fran: Quines coses?

Clara: (Les aparences.) Et faig por? Per què em mires així?

FRAN: La teva roba.
CLARA: Què?
FRAN: La marca de la teva roba...
CLARA: Què?
FRAN: No entenc que una tia com tu...?
CLARA: Una tia com jo què? Què vol dir una tia com jo? Deixa de mirar-me així i vine.
FRAN: Per moments em sembles irreal.
CLARA: Irreal? Tenint en compte la realitat és tot un compliment. *(Pausa breu.)*
FRAN: Qui ets?
CLARA: No entenc què vols saber.
FRAN: És molt fàcil. Qui ets?
CLARA: Qui sóc...? Clara, trenta anys, ulls blaus, cabell castany, 1.70, bona figura, bona família, estudiant de... humanitats, tinc *nòvio* de fa temps, ho sento, ara ens droguem bastant, però ho deixarem. I tant, després tindrem un xalet a Premià, quan ja no ens droguem o quan tothom es pensi que ho estem deixant, el meu *nòvio* és... també artista com tu, a mi m'agradaria ser d'esquerres, però ell diu que és pura sensibleria, passo bastant; burgesa, és clar. I prima, ja t'ho he dit; he treballat de cambrera al «Mug», he fet algun anunci per guanyar diners que no necessito, m'agrada molt Kandinsky. I Tina Turner... Sí, Tina Turner perquè jo la considero autèntica. I Kandinsky perquè m'arriba. N'estàs content, amb el meu currículum vital? Qui sóc? No em preguntis tant qui sóc i llança't a sobre. I tu qui ets? *(Pausa breu.)* Avui he decidit sortir. Avui alguna cosa m'ha fet «crash» a dintre, avui, a dins, he sentit «crash», com si se'm trenqués alguna cosa dins el cap... Com si arribés el final i els altres comencessin a mirar-me, com si jo pogués mirar els altres, de veritat, he vist la meva imatge fer-se realitat... Qui sóc? Avui he

decidit sortir a fora, canviar-ho tot, venir aquí i t'he trobat i... Ah!

Fran: Què?

Clara: Alguna cosa s'ha mogut, allà a dins.

Fran: On?

Clara: Allí. No. Allà.

Fran: On?

Clara: No.

Fran: Jo no he vist res. Deu ser el nostre reflex.

Clara: El nostre reflex... *(Canvi brusc.)* Uh!

Fran: Què fas?

Clara: Espantar el meu reflex. Què hi fas davant meu, imbècil? Qui ets? Ei tu! *(Pausa.)* Darrere del vidre tot sembla preciós. És com contemplar un quadre mig transparent. Has fet un quadre.

Fran: Jo sóc pintor.

Clara: Sí? I què hi fots, decorant aparadors?

Fran: ...

Clara: Aquella línia deu ser l'horitzó...

Fran: L'horitzó? Sí... Un horitzó vertical, si el poguéssim pujar...

Ella riu molt.

Clara: Ja m'agradaria... *(Ella para de riure.)* Me'n vaig.

Fran *(pausa. S'adona que ella té la pedra a la mà)*: T'estàs emportant la pedra.

De cop i volta ella alça la pedra amb molta violència. Fa un crit molt fort i desesperat. Fran *es tapa la cara. Ella es para en sec torna a abaixar-la. Pausa. Es miren.*

Clara: Un altre intent frustrat. *(Pausa breu.)* La deixo aquí, «guardià». *(Ella deixa la pedra a terra. Tots dos la miren. Pau-*

sa breu.) Adéu. *(Ella fa unes passes. Està a punt d'anar-se'n. Es gira de cop.)* No era el nostre reflex.

Fran: Què vols dir?

Clara: Simplement això, que no era el nostre reflex. *(Pausa.)* A dintre hi ha algú.

Fran: Què?

Clara: Algú ens està mirant.

Fran: On? *(Agafa la pedra «com inconscient» i mira l'aparador, després la mira a ella, que està a punt d'anar-se'n).* No hi ha ningú.

Clara: I per què agafes la pedra?

Fran: Perquè no l'agafis tu.

Clara: Jo ja me n'anava.

Fran: Molt bé. Adéu. Què et passa? Vols que entrem? No hi ha ningú, a dins. *(Ella se'l mira.)*

Clara: Per què l'has agafat?

Fran: Què insinues?

Clara: Insinuo les ganes que tens d'engegar a la merda aquest jardí deliciós que estàs creant. *(Pausa.)* A tu t'agradaria que hagués vingut a trencar l'aparador en nom d'una causa política, oi? Doncs no. Oi que t'he semblat una nina de porcellana? De quina marca són els teus pantalons? Són de la mateixa que el meu vestit, a veure, sí, és clar... Jo em conec tots els vestits. I les teves sabates? Conec aquesta botiga com si fos meva. Tu penses que amb un cop de cap podria trencar aquest aparador de merda? Ho dic perquè la pedra la tens tu, no sé si te n'adones... Quan no trobes uns ulls que et miren, quan no et poden veure, això sí que és desesperant... A mi no m'agrada gens el meu reflex, penso que és el reflex d'una puta. *(Ella agafa la barra.)* Posa't la caputxa. Vull veure't amb la caputxa i la pedra, vinga, a veure quina pinta fas. Em penso que a tu també t'agradaria veure't així. T'has pensat que jo era d'un grup, quina gràcia, t'has pensat que jo era un violent? Nooo!!! Sóc una noia maca, bona, fina, freda, molt freda i puta també, gens violenta però puta, cor de puta i t'he portat això a tu. *(Pausa breu. Parla més lent.)* Pintor: S'haurien de trencar tots els vidres, crash, tots els aparadors, crash, sobretot els d'aquest barri, i tu ho saps, sortir d'aquí, crash, ens ho hauríem de carregar tot... Quan va ser que vas deixar de mirar bé, pintor? Només ets un cagat. *(Agafa la barra.)* Em trenco. Crash. El cap. (Dissenys de festes, dissenys de calces, preservatius dissenyats, estímul dissenyat, resposta dissenyada, relacions dissenyades, art dissenyat, cor dissenyat, provocació dissenyada, disseny d'aparadors, disseny de jo mateixa, puta... dissenys, dissenys... Trencats per dins...)

Fran: On vas?

Clara: No vull, no puc trobar un espai, cap disseny més per a mi, em fa mal...

Fran: Què fas?

Clara: Crash.

Fran: On vas?

Clara: Tu m'entens? Abans has dit que podies entendre'm. Irreal?!!!

Fran: Què vols fer?!!!

Clara: Una imatge?!!!

Entra a dins i tanca la porta amb clau.

Fran *(es treu la caputxa que li ha posat ella)*: Hòstia... Torna. On vas? *(S'apropa a la porta.)* Obre. Et trobes bé? No pot ser. *(Pausa.)* Ei!!! Sí, m'has espantat. Quan has arribat cridant semblava un crit de guerra. Després... t'he sentit tan a prop. Qui ets? Obre... No m'importa qui ets... Siguis qui siguis m'estàs espantant. M'estàs epantant molt! Estàs contenta?

Sóc un cagat. Estàs contenta? Ho sóc. Ho sé. Ho sóc. Ara surt. Vinga, sóc un cagat. Ho dic obertament. Sóc un cagat de dalt a baix, vinga, ara surt o deixa'm entrar... Sóc un artista cagat de dalt a baix. Què més vols sentir? Molt bé. Sóc un home artista cagat de dalt a baix. I amb pinta de marica anorèxic... i impotent!!! *(Pausa breu. Es queda pensant el que acaba de dir.)* Cagadíssim. *(Fran llança la pedra a mig metre de distància, molt ridícul, li dóna una puntada de peu. Pausa.)* Vinga, surt. Et trobes bé? T'estàs passant. Surt. *(Pausa.)* Hòstia.

Clara està al fons de la botiga.

Clara: Saps quin és el meu malson? !!!
Fran: Què?
Clara: BOOM! L'explosió d'un armari: calces, sabates, vestits, pantalons, bosses, mitges, mocadors... Una gran explosió. I tot volant pels aires, jo perseguint la roba pels carrers d'una ciutat i tothom rient-se de mi perquè vaig despullada. La jaqueta Chanel estampada sobre un motorista; els Muxart que es fiquen dins d'un contenidor; la roba interior penjada als cables d'alta tensió... Quan estic a punt d'agafar una peça... arriba un vent fortíssim que se l'emporta. És desesperant, no puc agafar res... I continuo despullada al mig de la ciutat. Tothom que es riu de mi. I jo tanco els ulls. Llavors apareix algú per darrere i em diu: «Té, les teves calcetes.» Em giro i veig un home rient amb les meves calces al cap. Llavors em diu que no em preocupi de res que formo part d'una experiència artística. Que tot és una experiència fictícia. Que no m'emprenyi, que això que m'està passant és un joc... Que haig de quedar-me quieta i despullada perquè em retoquin. Després em posaran el vestit fúcsia a sobre, després d'haver adaptat el meu cos a la forma del vestit... Així que em quedo

despullada mirant-lo sense dir res. Sense saber si haig de posar-me contenta perquè formo part d'una experiència artística o trencar-li la cara... Després em converteixo en un maniquí i visc per sempre més aquí a dins. Fins que apareix algú, tu per exemple... Però tu tampoc saps com apropar-te a mi. *(Pausa breu.)* Tu vols saber per què volia trencar l'aparador? *(Ella veu* Hölder*. Pausa.* Hölder *la mira).* Hola.

Hölder: Per què volies què?

Clara: Trencar els vidres... Acabar amb tot.

Hölder: No, no ho vull saber. *(Pausa breu.)*

Clara: Què vols?

Hölder: Em van dir que havies mort.

Clara: Què? Qui ha mort? No, tot el contrari.

Hölder: Estàs bé?

Clara: Sí.

Hölder: T'agrada la corbata? L'he escollida jo.

Fran: Què hi fot aquest tio aquí?!!!

Ella s'apropa i li arregla la corbata.

Clara: Així està millor.

Hölder: M'agradaria regalar-te un vestit.

Clara: Ah sí? Per què?

Hölder: Perquè t'estimo.

Fran: Què hi fot aquest tio aquí?!!!

Clara: Com et dius?

Hölder: No ets tu?

Clara: Qui?

Fran: Qui és?!!!

Hölder: I aquell qui és?

Clara: I tu?

Fran: Qui és?!!!

CLARA: No ho sé.

HÖLDER: Sabia que no havies mort.

CLARA: Es pensa que em coneix.

FRAN: Digues-li que no. Surt. No tinguis por.

CLARA: Em penso que no ens coneixem...

HÖLDER: Ah no? *(Pausa.)* Has tancat amb clau? A què estan jugant a fora?

FRAN: Si li fa mal trucaré a la policia!!!

HÖLDER: Qui és aquest jove? Per què es pensa que vull fer-te mal? No som d'aquí però no volem fer mal a ningú!!!

FRAN: Jo li donaré diners però no li faci mal.

HÖLDER: Mal? *(Pausa.)* Mira'm. Jo no vull fer-te mal.

CLARA: Ja ho sé.

HÖLDER: Ets tu, veritat? Qui ets?

CLARA: Em dic Clara.

HÖLDER: Clara?

FRAN: Et dius Clara? (Fran: No *flipis*. Aquesta tia no es diu de cap manera.) Què passa?!!!

HÖLDER: Es pensa que vull fer-te mal? És d'aquí? Per què crida tant? Té por? La gent covarda és perillosa. No som a casa, oi? I Suzzette? Obri'n, si us plau. Vull sortir d'aquí, t'he confós... Jo... Clara Què hi fem aquí a dins? On som?

CLARA: Som dins d'un aparador.

HÖLDER: Ja. I es pot saber què hi fem, dins d'un aparador?

CLARA: No ho sé.

HÖLDER: Llavors millor sortir a fora. *(Pausa.)* Aquell jove està fatal...

Surt HÖLDER, segueix portant els cartrons i les bosses de plàstic. Es queda a la porta. Mira FRAN. Porta una corbata nova, igual que la del SR. BOIX, que ressalta dins de la seva indumentària antiga. HÖLDER va per marxar.

Fran: Ep, la corbata...

Hölder: Què li passa? Ah, serà un préstec. A la meva ciutat ja no queden corbates tan elegants i si en queden són caríssimes. Ei, un préstec, amic... Després de la boda jo torno aquí amb la corbata... Vol que signem un paper? Un contracte? Li llogo la corbata a canvi de... No tinc res, els llibres no estan en la seva llengua, faci'm un préstec, la corbata per la meva paraula, la mà... No? Recordo tant aquells dies en què els diners eren una cosa natural per a mi, però la nostàlgia no ve pels diners sinó pel record d'aquell temps... Mai ha estat enamorat? La lluna li està somrient, miri, ens somriu a tots dos. Jo visc en el record, és el lloc on passo la major part del meu temps. Me'n vaig. *(Pausa breu.)* Una dona que espera és un tòpic literari, en la realitat les dones no tenen tanta paciència. Ella és molt bonica.

Fran: Ella no és qui vostè busca.

Hölder: No? Qui ho diu? *(Pausa breu.)* Un altre cop el carrer. El meu cap només accepta sostres immaculats. No és gaire pràctic haver tingut un bon passat, amic...

Fran: La corbata...

Hölder fa un joc amb la corbata com si es pengés.

Hölder: La corbata pel meu cap. Si arribo a la boda sense cap, Suzzette s'espantarà una mica, però és una dona forta, ha vist més d'una amputació... I a més, sense cap la corbata encara agafarà més protagonisme, ressaltarà més...

Fran: Si no me la torna...

Hölder: No truqui a la policia... Ara, aquí, la policia, amb aquells uniformes tan... massa lleig.

Fran: Has robat alguna cosa més?

Hölder: NO. *(Hölder li ensenya l'interior de les bosses. dins hi* *ha llibres antics i un tros de pa. Res més.)* La corbata és l'unic que m'ha agradat. Escolta: a dins n'hi ha moltes.

Fran: No són meves.

Hölder: Només vull estar elegant per a Suzzette. No ho pots entendre? *(Fa una reverència. Hölder mou la pedra amb el peu com si fos un joc delicat i innocent.)* A dins hi ha coses molt maques. Qui escull el que s'ha d'ensenyar? *(Hölder va apropant la pedra.)*

Fran: Jo.

Hölder: Aaaah tu. Bé, des del meu punt de vista, aquell vestit és horrible i la línia vertical no té cap sentit, cap emoció de res...

Fran: Aquell vestit l'han portat de París.

Hölder: París, *«la pluie dans les yeux, la pluie des adieux»* París abans era una altra cosa... No em jutgi pel meu aspecte, és totalment anecdòtic... Tot i que hi ha anècdotes que poden espatllar-te la vida... Deixar-te al marge de l'aparador. Vostè sembla estudiant.

Fran: Jo... treballo... No... Jo, en realitat, sóc pintor... però haig de guanyar-me la vida.

Hölder: És clar, ho entenc, hi ha gent que es guanya la vida mentre d'altres la perden. Jo sóc professor d'art. Era. Ara sóc... ara jo mateix sóc literatura, m'he convertit en un personatge literari. De la meva biblioteca només em queden aquests llibres, li podria canviar un llibre per una corbata, però no estan en la seva llengua.

Fran: Qui busca?

Hölder: A Suzzette. *(Pausa breu.)* Anàvem a celebrar la nostra boda, però ella va haver de marxar. Em van dir que una bomba... Però jo no ho vaig veure. *«Ojos que no ven corazón que duele aún más.»* Em van dir que va venir a aquesta part d'Europa, molts camions van sortir cap a aquesta part d'Europa, ella... Si la van veure marxar, no pot haver mort, la van veure pujar a un camió... Brrrrrrr... Ho entén? La van veure pujar a un camió. Perdó. Digues a aquesta jove que l'he confosa amb una altra dona, perdoni'm, l'he confosa amb Suzzette. Suzzette i jo ens casarem molt aviat, ella m'espera. Volen fer-me creure que és morta, com si jo fos un idiota. Suzzette té el cabell clar, molt llarg, i ondulat. Li agrada vestir de blanc, com si sempre estigués a punt de casar-se, té els llavis molt prims, les espatlles estretes, una expressió de preocupació passatgera, a vegades va en una barca... he de trobar-la...

Fran: En una barca?

Hölder: En un llac... porta una corona de flors al cabell...

Fran: Sembla la dona d'un quadre simbolista.

Hölder: Un quadre, sí, una vegada la vaig veure pintada en un quadre... Simbolista? N'està segur?

Fran: Una dona en un llac, amb flors al cap... Una dona que viatja sola...? És un quadre simbolista de... És un quadre tràgic.

Hölder: Les males llengües magnifiquen els drames per convertir-los en tragèdies. Quan fan falta grans trionfs apareixen les grans tragèdies i ningú no entén el drama d'un pobre home enamorat. Ella no és morta. En un futur els homes seran feliços i jo podré tornar a la meva ciutat, encara que Pavese deia: «Qui no és feliç aquí i ara no ho serà mai.» Coneix Pavese? Va acabar suïcidant-se. Jo, en canvi, no em llevaria mai la vida, encara que ara i aquí ella no hi sigui. També hauria de canviar-me les sabates. No ho creu? *(Tots dos miren a terra. Hölder té la pedra sota el peu. La mou amb el peu. S'ajup.)* Una pedra. Aquesta pedra podria formar part d'una columna antiga, d'una paret, d'una casa en ruïnes. Com ha arribat fins aquí? La duia jo dins de la meva bossa? Té una forma estranya, en comptes d'una pedra sembla una víscera, se'n desprèn humitat. Com ha arribat fins aquí? L'ha deixat Suzzette per a mi? És una pista? Una pedra del camí?

CLARA és dins de l'aparador, s'apropa al maniquí i l'aixeca, es posa al costat del maniquí.

CLARA: L'he portat jo.
HÖLDER: Ah sí? Up. *(HÖLDER juga amb la pedra. La llança per davant del seu cos i la recull darrere. CLARA riu.)* Up, up... Fa temps vaig voler ser malabarista, treballar en un circ, up, up, després em vaig passar a la literatura. Vine aquí, Suzzette...
FRAN: Ella no és Suzzette.

CLARA surt, HÖLDER li passa la pedra. Juguen.

HÖLDER: Bons reflexos.

CLARA la hi torna. Tots dos riuen.

HÖLDER: Up.
FRAN: Deixi-la. Què vol fer? Deixi la pedra. Què voleu fer?
HÖLDER: Només estem jugant.
CLARA: Només juguem...
FRAN: Deixi la pedra d'una puta vegada. Què vol? Què vol, hòstia? Digues-li que pari. Clara. Pareu.
HÖLDER: Up, up... Tu no vols jugar?
CLARA: No vols jugar?
FRAN: Pareu, merda. Molt bé, desgraciat, llanci la pedra si vol, rebenti el vidre, vostè segur que té més motius per fer-ho.
HÖLDER: Jo? Més motius que qui? *(HÖLDER torna la pedra a FRAN.)* Jo no sóc qui vostè veu. Vostè creu que algú com jo pot destruir res? No.

Pausa breu.

Fran: Emporti's la corbata, no passa res.
Hölder: *Merci*, jove. Quan aconsegueixi un «trajo» complet tornaré a buscar-te. *(Se'n va. De cop es gira. A Clara:)* T'agrada aquesta ciutat?
Clara: Sí.
Hölder: A mi també, tornaré a buscar-te...

Hölder se'n va. Pausa. Tots dos es queden mirant cap on ha marxat Hölder.

Fran: Crec que està buscant algú que no existeix.
Clara: Un fantasma?
Fran: No. Una imatge.
Clara: Vols dir que aquesta Suzzette no ha existit... mai?
Fran: Busca la dona d'un quadre.
Clara: La dona d'un quadre... Això és el que busques tu. *(Clara agafa la jaqueta i se la posa. Agafa la caputxa.)* Aquest home busca una dona morta. *(Pausa breu.)* Encara penses que sóc irreal? Sóc irreal només perquè tu ho veus així.
Fran: No ho entenc.
CLARA: No cal entendre-ho...
Fran: Però tu...

Fran mira l'aparador. Pausa. Clara agafa les seves coses.

Clara: Aviat es farà de dia.
Fran: Te'n vas?
Clara: Sí.
Fran: Per què?
Clara: Uh!!! *(Pausa breu.)* El meu reflex està mort.

Fran: No...
Clara: I tu també... Només un acte autèntic, per un moment, després... res.
Fran: No te'n vagis.
Clara: Per què? Aquí ja no hi tinc res a fer.
Fran: Qui ets?
Clara: Jo sóc qui veus!!!

Clara se'n va. Fran mira en direcció on ha marxat Clara. Mira la pedra que encara té a la mà, mira l'aparador.

Fran: Jo no veig ningú.

Fran aixeca el braç, fa un crit molt fals. El torna a abaixar.

Acte III

L'aparador al matí següent

Està sortint el sol.
Una llum clara il·lumina l'aparador.
Hi ha un maniquí d'esquena, lleugerament girat cap a la dreta, no arribem a veure la cara del maniquí, però se n'insinua el perfil. Porta el vestit vermell. Un vestit d'una roba exquisida, amb dos tirants que es creuen a l'esquena i una caiguda perfecta fins als turmells. El maniquí està mirant un objecte subtilment il·luminat. És la pedra, que penja d'un tensor transparent.
Es tracta d'una instal·lació artística mínima, bella i suggerent. Un silenci ens deixa veure la imatge. Fran *surt de la botiga, porta uns pantalons nous. Es corda la bragueta. Mira al carrer. Està nerviós. Camina d'un costat a l'altre. Mira el seu rellotge. Es gira i mira l'aparador. Pausa.*
Per un extrem apareix el Sr. Boix. Fran *es gira de cop.*

Fran: Ah! Vostè.
Sr. Boix: Sí, jo. Sembles excitat, nano. Qui esperaves tan d'hora si no a mi? El Sr. Claris no es lleva mai abans de les nou, no li interessa comprovar si el sol surt cada matí, a ell li han dit que surt i així s'ho creu...
Fran: Ja, vostè és més desconfiat, oi?
Sr. Boix: Sí, no t'has de fiar ni de la teva ombra, precisament perquè sempre et persegueix.

El Sr. Boix *s'acosta lentament a l'aparador.*

Fran: Vull cobrar.

Sr. Boix: No m'atabalis, d'acord? Cada cosa al seu moment. Primer la meva opinió i després parlem dels diners.

Fran: La seva opinió... Sí, és clar.

El Sr. Boix s'apropa més a l'aparador.

Fran: Bé, el que he intentat...

Sr. Boix: Has intentat què? Les intencions com més autèntiques menys efectives. Els resultats, nano, els resultats... I la línia vertical?

Fran: No l'havia de treure? Aquella línia vertical no tenia cap sentit.

Sr. Boix: Sí que en tenia. Tenia un sentit vertical. No n'hi ha prou amb un sentit vertical? No cal buscar tants sentits a les coses... Qui t'ha dit que la traguessis?

Fran: No me'n recordo. Algú que ha passat per aquí. S'hauria d'haver quedat tota la nit vigilant-me, com si fos la meva ombra, si no volia que tragués la línia.

Sr. Boix: No tant sols has tret la línia. Et penses que tinc ganes de riure, un dilluns al matí? Els dilluns serveixen encara menys que els diumenges, precisament perquè són útils. La utilitat no serveix per a res però la inutilitat m'ataca els nervis. On és el vestit de París?

Fran: No m'agradava.

Sr. Boix: No t'agradava? No és a tu a qui li havia d'agradar!

Fran: No tan sols a mi, no m'agradava... I a qui li havia d'agradar?!

Sr. Boix: A mi! Per exemple.

Fran: A vostè tampoc li agrada aquell vestit. No foti que li agrada. Vostè té... bon gust. Em sembla. Aquell vestit fúcsia és fastigós.

Sr. Boix: S'hi ha de posar!

Fran: Aquell vestit fa por!

Sr. Boix: La por se supera, nano. Si veiessis el contracte que he signat amb el dissenyador t'asseguro que aquell vestit fastigós et semblaria una obra mestra. He signat un contracte milionari! Què és el que has intentat, eh? Fer una instal·lació artística dins del meu aparador? Has volgut fer-te l'original? Què hi fot el maniquí d'esquena? Aquell vestit és el de la temporada passada... *(El Sr. Boix s'arregla la corbata.)* I què és allò que penja? Què hi fot una pedra dins del meu aparador?

Fran: He acabat la meva feina i vull cobrar.

Sr. Boix: Ah sí? Vols cobrar? Escolta: La teva feina estarà acabada quan jo estigui completament convençut que està ben acabada. Em pots explicar què significa això que has fet? Si és una instal·lació deu tenir algun significat. Quan el *nòvio* de la meva filla ensenya la seva tita almenys l'entenc. La gent prem un botó i ell treu la seva polla, significat directe. I per si no ho he entès ell ve i m'ho explica. Què és això que has fet? És absurd... Això que has fet és massa... és massa... simbòlic.

Fran: Simbòlic?

Sr. Boix: Sí, simbòlic.

Fran: I això és un problema?

Sr. Boix: No és un problema si el símbol serveix. Sí, sí; avui dia els cotxes volen, els ordinadors agafen la grip, la coca-cola té vida i les compreses món interior... Sí, sí; el símbol ven, tens raó...

Fran: Perfecte, molt millor; pagui'm i deixi'm tranquil.

Sr. Boix: Li falta evidència.

Fran: Evidència?

Sr. Boix: Sí, evidència.

Fran: I quina evidència tenia la línia?

Sr. Boix: Cap. Directament no significava res, l'evidència del no-res ven moltíssim... Però això... Això... És com si tingués un sentit amagat. Diu però no diu... La nostra clientela... Això...

Fran: Qué?!

Sr. Boix: Això... despista... Et fa rumiar... La gent no té temps ni ganes de buscar tants sentits, amb un sol sentit la gent es conforma.

Fran: No foti.

Sr. Boix: Però què has volgut fer?

Fran: Ni puta idea.

Sr. Boix: Ni puta idea?

Fran: No, ni puta idea. He volgut fer... el que veu! *(Fran assenyala l'aparador.)* Res més.

Sr. Boix: No sóc cec!

Fran *(pausa breu. Fran es mira l'aparador)*: Què he volgut fer? Hòstia puta. Això he volgut fer... No ho entén? *(Pausa. Fran es mira l'aparador.)* Què he volgut fer? He volgut trobar algú. He volgut buscar algú . No ho sé, Sr. Boix, expliqui-m'ho vostè. Jo no sóc home de paraules. Jo parlo molt malament. El seu bla bla bla el vesteix molt bé, Sr. Boix, li fa conjunt amb el trajo. Això és una imatge feta amb amor. Què vol que li digui? Jo a vostè no l'entenc. Què vol, evidència? Vol que m'hi fiqui jo mateix despullat? Això ja s'ha fet. Ja ho han fet. Vol que em suïcidi dins de l'aparador? M'ha passat pel cap, no es pensi, però llàstima que només ho podria fer una vegada. Vol que em talli un peu i el foti a dins? Miri, vagi-se'n a Passeig de Gràcia, agafi el vestit de París, els bolsos italians, les cadires xineses i foti-ho tot com pugui. Ompli l'aparador de línies verticals, deixi'l buit... Decori'l a la seva manera i a mi deixi'm tranquil. Aquest és l'aparador que he fet jo. Si té tanta ànsia creativa per què no se'n va l'aparador de Passeig de Gràcia i es fot vostè mateix a dins amb el vestit fúcsia?

Sr. Boix: Perquè em va petit.

Fran: No em toqui més els collons i pagui'm... No li acaba de convèncer? Per al proper aparador contracti un gran artista que li mogui la línia d'un costat a l'altre. Jo no serveixo per a això. No tornaré a fer ni un «puto» aparador més, vull tornar a pintar, no tornaré a agafar mai més una feina com aquesta... No li agrada? I què merda m'importa si a un imbècil com vostè no li agrada? És tot un compliment, Sr. Boix, si no li agrada a vostè potser és que encara estic sencer. Fran, tio: pots estar content, a aquest mediocre ressentit cervell cremat no li agrada el que has fet. Pots estar contentíssim. Demà trucaré al Sr. Claris. Algú m'ha de pagar aquesta feina.

Sr. Boix: Aquí qui paga sóc jo. *(Pausa.)* Què et penses?, que no sé apreciar el que has fet? Sí, sí, sí; ja ho veig, una instal·lació simbòlica amb aires d'autenticitat. Preciós, nano, preciós! Veig perfectament el que has fet, però a tu t'hem contractat per decorar un aparador no pas per tenir una experiència de creació artística.

Fran: És l'única arma que té, oi? Els seus diners.

Sr. Boix: Sí, els meus diners i el meu bastó.

Fran: El seu bastó està massa ben dissenyat, no deu fer gaire mal...

Sr. Boix: I tu encara ets massa sensible, no tindria els collons de donar-te un cop de bastó. Si no t'espaviles, nano, acabaràs dormint al carrer, i tu no fas cara de voler quedar-te al marge.

Fran: Al marge? Buscant algú que no existeix? Suzzette. Jo no estic a la venta, Sr. Boix. *(Pausa breu.)* Miri, estalviaré, faré de cambrer, aniré a viure a un altre país, aniré a fer de missioner, em faré Drag Queen, taxista, perruquer... Què t'havies pensat? Fran dels collons, imbècil, em faré violent, assassí, mafiós, em faré... funcionari, merda, tornaré a pintar... no, em faré... em faré, missioner, merda...

Sr. Boix: Si has de tenir una crisi ara, millor que te'n vagis a casa. No et faràs res d'això perquè et vull demà a Passeig de Gràcia i aquest cop no tindràs tota una nit, Passeig de Gràcia l'hem de fer en tres hores, perquè després te n'has d'anar a Muntaner corrents... Però què t'has pensat?

Fran: Em faré militant d'un partit polític!

Sr. Boix: Això et portaria a una crisi pitjor que decorar aparadors. Vull que a Passeig de Gràcia hi posis el vestit de París, m'has entès? Aquell vestit ha d'acabar agradant a tot Barcelona.

Fran: Jo no penso tornar a tocar amb les meves mans aquell vestit fastigós. Em faré budista.

Sr. Boix: Perfecte. Llavors podràs tocar qualsevol vestit fastigós sense passar cap crisi. Per ser missioner hauries d'haver començat abans i els Drag Queens tenen molt més *glamour* que tu. Taxista? Tu no deus tenir ni carnet de conduir... I actualment per ser cambrer et demanen més currículum que el que t'hem demanat nosaltres. Escolta: A Muntaner hi posarem els vestits de N.Y. Els d'Orient aniran a la Bonanova. Aquest aparador l'has fet en una nit, el proper el faràs en tres hores...

Fran: Ja no ens deixen anar a poc a poc, oi? T'endinses una mica i arriba el diable per darrere, t'agafa el cap i t'enfonsa fins al fons de la merda. No sóc un dels seus objectes...

Sr. Boix: Encara tens sort que jo sàpiga apreciar la teva sensibilitat.

Fran: Sí, a vostè li cal la meva sensibilitat jove, fresca, innocent, original per a fer aparadors nous, oi Sr. Boix? La meva nit de somnis per omplir la seva butxaca. Però s'ha acabat, s'ha acabat... No sé si el que he fet és simbòlic... Conceptual realista minimalista, abstracte poètic patètic simpàtic romàntic sintètic grotesc cubista estúpid nihilista carismàtic simplista clàssic avantguardista neoridícul o postmaniàtic, un bla bla bla que mai he entès, no sé el que he volgut dir o deixar de dir amb el que he fet aquesta nit... Veu la pedra? Veu la pedra a dins? La veu? Amb aquesta pedra algú ha volgut trencar el vidre, crash, trencar tots els aparadors, sobretot els d'aquest barri, sortir d'aquí, anar amb una metralla... Aires d'autenticitat? Vostè no entèn res. Vull tornar a la nit.

Sr. Boix: Tu ets un artista de veritat, oi? Tot i que semblis un imbècil. Tu encara hi creus... Tu t'ho creus de veritat, això sí que és fort, nano, això és fortíssim, creure-hi de veritat, encara... Trencar el vidre...

Fran: Vull tornar a la nit.

Sr. Boix: Ara el que has de fer és anar a dormir, demà et vull a Passeig de Gràcia, allí posarem el vestit de París. I hi penjarem una altra pedra, pot ser la marca d'estil, no està malament la idea. Em penso que t'entenc: Trencar el vidre... *(Silenci. Fran mira el Sr. Boix.)* Has tingut una idea brillant. Pots tenir un píreing allà on vulguis però igualment sé reconèixer un bon creador. Un artista amb píreing, molt millor.

Fran: Deixi'm tranquil, em sent? No vol pagar-me? No em pagui. No depenc dels seus diners. Estic a punt de creuar el carrer, no ho veu? Això és un espai públic. I vull caminar cap a casa meva, tranquil. Arribar a casa, agafar un pinzell i fotre-me'l pel cul. Què farà? Em retindrà amb el seu bastó? Seguirà escopint el seu verí com una serp fastigosa?

El Sr. Boix treu un xec de la butxaca.

Sr. Boix: Sí. Saps per on agafa l'estilogràfica la serp? Per la cua. Vine aquí. *(El Sr. Boix agafa Fran i el gira... Recolza el xec sobre l'esquena de Fran i l'omple.)* Té. *(Fran es mira el xec.)*

Fran: Què? Aixó són molts diners.

Sr. Boix: Sí. Tu i jo treballarem junts molt de temps... Ets massa sensible, nano, però tres aparadors més i ni te'n recordaràs dels pinzellets, ni d'aquesta nit, ni veuràs el límit entre el que fas tu i el que faig jo. Ara vés-te'n a descansar. La ciutat es desperta i tu has d'anar a dormir. Demà t'espero a Passeig de Gràcia.

Fran: Sí. Passeig de Gràcia...

Sr. Boix: Per cert, els pantalons...? No passa res, regal de la casa i emporta't una corbata com la meva, t'escaurà molt.

Fran: Una corbata? Per què em dóna tants diners?

Sr. Boix: Perquè et vull... *(Pausa breu.)* La teva instal·lació em semblava original, una ximpleria estètica, suggerent... Ara entenc on pot arribar... M'ho haguéssis dit des de bon començament i ens hauríem estalviat aquesta disputa ridícula.

Fran: Què vol dir?

Sr. Boix: Un acte poètic avui dia pot arribar a vendre però un acte rebel encara més.

Fran: No l'entenc.

Sr. Boix: No m'entens? Però si ha estat idea teva.

Fran: Quina idea?

Sr. Boix: Trencar l'aparador!!!

El Sr. Boix entra corrents a dins i mou la pedra.

Fran: Però... Què fa? Què vol fer? Deixi la pedra al seu lloc, m'ha costat molt trobar la llum exacta perquè una pedra sembli una joia.. Què fa? Merda. Està espatllant la meva obra... S'ha tornat boig?

Sr. Boix: La teva obra?!!! No em facis riure!!! *(El Sr. Boix riu. Mou la pedra.)* Això és genial. Em penso que t'he entès, nano...

Fran: Què és el que ha entès? Què fa? Merda...

Se sent alguna persiana, el Sr. Boix *mira al seu voltant, d'alguna manera sembla excitat. Agafa la pedra la vol treure del tensor. Salta una mica per agafar-la, molt ridícul. L'agafa, la mira com si fos una joia, riu una miqueta.*

Fran: Merda, fill de puta, què fa? Deixi-ho tal com està. És la meva creació, m'hi he passat tota la nit...

Sr. Boix: La teva creació?!!! La teva creació serà completada!!! Serà la nostra creació!!!

El Sr. Boix *surt de l'aparador. Té la pedra a la mà... Mou la mà; està excitat.*

Fran: Deixi això.

Sr. Boix: Has tingut una idea genial. Ho provarem aquí, si funciona serà l'espot publicitari perfecte per a representar la nostra marca, tens molt més talent del que em pensava, la casa Boix per fi s'ha modernitzat, nano, que li donin pel sac al dissenyador aquell francès i al seu vestit fúcsia fastigós, el vidre trencat, això sí que ens farà famosos.

Fran: Famosos? Jo no he tingut cap idea. Torni la pedra al seu lloc.

Sr. Boix: Tu i jo farem futur...

Fran: Està espatllant la meva obra. Fill de puta. Deixi això. Què vol fer? No ho faci , no, no. No ho faci , quiet. No llanci la pedra, sisplau...

Sr. Boix: Crash.

Fran: Pari, sisplau. Deixi això, pensi per un moment el que vol fer, parlem com gent civilitzada, parlem com persones, eh... Jo sóc una persona, ei, vostè també ho és, les persones parlen entre elles, tothom té dret a exposar... exposar en lloc d'imposar, hi ha una petita diferència.

Sr. Boix: Què et passa? Vols fer-ho tu mateix?

El Sr. Boix intenta donar la pedra a Fran. Fran no pot agafar-la.

Fran: No, no m'ha entès. No trenqui el que he fet. És una imatge feta amb amor...

Fran intenta donar-li el xec.

Sr. Boix: Amor? Amor de què? Això serà la bomba.
Fran: No...
Sr. Boix: Tu ja has cobrat, oi? Doncs calla i mira.

És un dilluns qualsevol, veus i sons. Un ambient de caos quotidià omple l'espai. El Sr. Boix amb la pedra a la mà es gira de cop i llança la pedra contra l'aparador. Se sent un gran CRASH. Els vidres trencats. Fran fa un crit desesperat... Pausa.
El Sr. Boix dóna un copet amb la mà a Fran a l'esquena.

Fins demà, artista... I descansa.

Fran té el xec a la mà i es mira l'aparador de genolls.

Epíleg

Clara porta el vestit vermell, està mirant el públic. Tanca els ulls i somriu.

Clara: Veig una dona amb ganes de posseir el meu vestit, la baveta a punt de regalimar per la comissura dels llavis. I els ulls completament desorbitats quan s'imaginava que jo sóc ella, vull dir que el meu vestit és seu... Ella em mirava tan fixament que per un moment he pensat que volia dir-me alguna cosa... un diàleg real... Em dic Clara, 30 anys, 1,70, bona figura, estudiant d'humanitats, prima. Només veieu el meu vestit i sota el vestit una màscara, no sóc un maniquí però tampoc sé com deixar de ser-ho. *(Pausa breu.)* Irreal? Irreal jo?

Obre els ulls i mira Fran, que està en una cantonada.

Amb tu gairebé va ser possible... Però em vas confondre amb una imatge. I ens vam perdre tantes coses...

Després mira el públic. Pausa breu.

I ara l' aparador trencat? CRASH... i què? *(Pausa.)* Res.

Fosc.

ÀREA PRIVADA DE CAÇA

Aquesta obra va ser entregada a l'editorial unes quantes setmanes abans de començar el procés d'assajos. És probable, per tant, que la versió final del text per a l'estrena presenti alguna diferència respecte del text publicat, sempre a criteri de l'autor.

Personatges

Virgínia
August, el marit de Virgínia
Homes desgoneguts
Mateu
Estrella, la mare d'en Mateu
La taxista

I

Al final d'algun camí, a la sortida del bosc, a l'espai que queda lliure al voltant d'una planta termoelèctrica, riu de lava, pista aèria. Entra en MATEU *com perseguit per algun esperit. Treu una granada de mà que està amagada a sota d'unes fulles seques, desplaça el dispositiu que l'activa. Compta.*

MATEU: Deu... Nou... Vuit... Set... Sis....

Se senten unes passes d'algú que ve corrents. Entra la VIRGÍNIA. *Tots dos es miren. Llum taronja.*

Hivern

II

Virgínia a l'habitació de casa seva.

Virgínia: Cinc, Quatre, Tres, Dos...
Abans de sortir de casa, un somni em fa llevar del llit.

La Virgínia busca alguna cosa amb la mirada. Apareix l'August amb pijama.

Virgínia: Perdona, no et volia despertar...
August: Vine al llit, ja et passarà.
Virgínia: August, l'he tornat a somiar un altre cop!
August: Cada nit és igual.
Virgínia: On és l'abric?
August: Oblida-te'n
Virgínia: No ho entens, August, avui ha estat diferent. Per primer cop he pogut distingir l'home que m'abraça. Una altra vegada he tornat a veure al fons uns arbres enormes. Tot era com si fos un camp de batalla. Em coïen les mans i pensava que havia de pintar una figura nua i res més. Recordo que deia «Sí?», preguntava, saps?: «On?» I ell, i això mai no ho havia somiat, em contestava alguna cosa sense moure els llavis. No he pogut reconèixer la seva cara...
Que no ho entens?
August: Sí, és clar, Virgínia.
Virgínia: Era com si el conegués, i aleshores em venien ganes d'abraçar-lo.

On és l'abric?

Hi havia una llum taronja al fons, i jo sabia que això era el que havia de pintar, crec, perquè resulta que en el somni també pintava. Si hagués pogut veure la seva cara; he estat a punt, però de cop una llum taronja i el so d'un tro m'han espantat; a ell, no, saps? Se m'ha apropat i m'ha abraçat, així sense dir-me res, perquè jo sentia tot el que pensava... I res més. Sí, sí, res més. Però sé que em falta una part. És com si... No res... No sé com acaba.

On dec haver deixat l'abric?

August: El portes a sobre, Virgínia.

Pausa.

Virgínia: Al somni també el portava.

Pausa.

August: On aniràs?
Virgínia: A prendre l'aire.
August: No triguis gaire, però.
Virgínia: Faré el que pugui.
August: No vols que t'acompanyi?
Virgínia: *(...)*
August: No vols que t'acompanyi.
Virgínia: No et preocupis per mi.

August: Digue'm que et quedaràs al saló.

L'August desapareix.

Virgínia: I per què em deixes sortir?, vull dir-li. Per què no em segueixes i em véns a buscar?

III

En Mateu és al bosc des d'on es pot veure l'aeroport.

Mateu: Tanca els ulls un altre cop, tanca els ulls un altre cop! Ara, obre'ls:
Sí, no hi ha dubte, ets al bosc i tens les mans brutes de terra, que no ho veus?, però si fa un moment jo era a casa! Com pot ser que hagi arribat fins aquí dalt sense moure un dit? Mira, però si des d'aquí es pot veure l'aeroport. Aquest lloc el coneixes perfectament. Tens la sensació com si algú més... Quin fred que fa!
Torna a tancar els ulls, tanca els ulls. Ara, obre'ls:
És un aparcament, això? Hòstia, sí. Quin mal que et fan les cames!, com si haguessis travessat tota la ciutat... i aquestes ganes d'agafar un ganivet i tallar el coll al primer que passi, i per què? Jo no tinc cap ganivet, mai no he portat cap arma. Mira aquell home que ha vingut a buscar el seu cotxe, com et clava la mirada. No saps per què, però el primer que fas és comprovar que no hi hagi cap càmera de vigilància, com si algú et manés. La mirada d'aquest home et provoca. Abans li hauries dit bon dia o bona tarda. Jo no et vull fer mal! Si tingués un ganivet a la butxaca, et ve al cap, si et trobessis un tub d'acer ben fort, el mataries aquí mateix i trencaries tots els vidres, sí, així, perquè sí. Com pot ser que pensis això? Jo no sóc cap salvatge. Mira com surt corrents, com si t'hagués llegit el pensament... em falta la respiració. Tanca els ulls, tanca els ulls. Ara, obre'ls:
I ja el veus a terra, mort. Però si jo no he matat ningú. Aixequi's, que no veu que m'està posant nerviós? Jo no li he fet res, m'entén? I t'adones que vas tot esquitxat de sang.

Tanca els ulls, tanca els ulls, ara, obre'ls:
El mort és allà al davant i no tens cap sentiment de culpa, cap. Te'l quedes mirant i et ve una mena de tranquil·litat com mai no havies sentit, i la certesa, un altre cop, que algú més... Però si no hi ha ningú més a part de mi. «Qui sóc? Em reconèixes?» Et venen ganes de dir-li. Però amb qui parlo? Això no és normal.
Tanca els ulls, tanca els ulls.

IV

La Virgínia *i un* Home desconegut *es netegen i es vesteixen als marges que queden al voltant d'una central termoelèctrica.*

Home desconegut: Tota l'estona m'ha semblat com si algú ens estigués mirant.
Virgínia: La nit ja ho té, això.
Home desconegut: Algun vigilant de per aquí a prop.
Virgínia: *(...)*
Home desconegut: Ens ho hem passat bé, oi?
Virgínia: *(...)*
Home desconegut: Jo sí. Jo no em puc treure el fang de la pell... Aquí estirats, com un parell de porcs. Mai no se m'hauria acudit.
Virgínia: *(...)*
Home desconegut: Té el seu morbo.
Virgínia: *(...)*
Home desconegut: Llàstima de dutxes, oi?
Virgínia: *(...)*
Home desconegut: Jo diria que ens continuen mirant.
Virgínia: *(...)*
Home desconegut: Hi deus estar acostumada.
Virgínia: *(...)*
Home desconegut: Veig que no t'agrada parlar gaire. Et dec semblar un pesat. Això deu estar ple de tios com jo. Què et dec?

Pausa.

Virgínia: Res, home, res. Jo mai no cobro.

Home desconegut: Perdona, perdona, jo... és que... com que...
Virgínia: Ja m'ha anat bé que em tractessis així.
Tu no ets el que busco.

V

Planta 9 de gran hospital europeu. Àrea Sociosanitària. Menjador amplíssim. Desolació. Estrella *i* Mateu. *La mirada perduda de l'*Estrella. *Al fons, la veu deformada del locutor d'un informatiu de mitjanit.*

Mateu: Qui sóc?
Estrella: En... Mateu!

Pausa.

Mateu: N'estàs segura?
Estrella: I tant.
Mateu: Te'n recordes?
Estrella: És clar, en Mateu, el meu fill.
Mateu: Ho dius perquè em quedi tranquil.
Estrella: No.
Mateu: Per què no em mires?
Estrella: Vull tornar.
Mateu: On?
Estrella: A casa.
Mateu: Com és la casa?
Estrella: No ho sé. No és gaire lluny, crec.
Mateu: Te'n recordes quan anàvem amb el pare al final del bosc a veure sortir els avions?...
A mi m'agradava sentir el soroll dels motors quan arribaven a la màxima potència, a tu també, saber que alguns eren més ràpids i bonics que els altres, saber que pertanyien a països diferents. Tu em deies que els més petits eren els dels pobres

i els més grans els dels rics. Amb el temps vaig saber que era tot al contrari. Jo et deia que un dia n'agafaríem un, però que després tornaríem; que et portaria a la casa on vivíeu abans de la guerra. Et brillaven els ulls i em parlaves del forn que hi havia al davant, de l'habitació de l'àvia, de l'època en què el pare estava content, dels arbres, de les pedres. Deies i deies sempre les mateixes paraules fins que acabaves explicant la història de la guerra que no s'acaba mai, deies, explicaré la història de la guerra que no s'acaba mai i que ens perseguirà sempre... i la granada que el pare tenia guardada al calaix per si de cas. Jo saltava de gust quan jugàvem a la guerra perquè jo mai no n'havia vist cap. El pare deia prou i callaves. Que no, deia, mai més! Tu deies aleshores no sé què del tumor que també se'l menjava tot. El pare es portava les mans al cap quan li deies això perquè no hi havia res a fer, i feia com si s'anés a morir... fins que es va morir de veritat... I ens quedàvem en silenci sense saber què fer. Te'n recordes de com ens quedàvem?

Així..

Ell sí que em mirava... Em reconeixia sempre.

Sortia algun avió, que ens rebentava les orelles, tu deies alguna cosa que no podia sentir, el pare una altra, jo m'imaginava que hi anava volant. I quan s'acabava tot el soroll, em deies, molt tranquil·la, que per què no anava a jugar una mica amb les sargantanes taronges.

Estrella: Tantes coses deia?

Mateu: Després et quedaves callada i no deies res més.

Estrella: I per què deia tot això?

Mateu: Perquè les persones acostumen a fer memòria i a dir el que recorden.

Estrella: Però, per què?

Mateu: No ho sé.

Estrella: I jo abans feia tot això.

Mateu: Com pot ser que no te'n recordis, si ploraves i tot?
Estrella: Tu ets el meu fill. T'ho he dit, no? T'ho he dit.
Mateu: Però ho sents de veritat?
Estrella: Què és el que he de sentir?
Mateu: S'està bé així sense recordar res, no?
Estrella: Què dius, ara?
Mateu: ... a mi també m'agradaria que em passés.

L'Estrella mira en Mateu. En Mateu es queda mirant l'infinit.

Mateu: Ahir vaig matar un home. És l'únic segur que sé de tot el que em va passar. Jo veia la tele, com cada dia després de la feina, algú que posa una bomba i mata 35 persones, l'altre que crema tot un bosc, els homes que maten les seves dones, la dona que es venja dels homes amb un ganivet, i la guerra que cada deu anys canvia de país, com cada dia, tot normal. M'arreglo i penso que aniré al bar perquè és dilluns i a fer una volta pel bosc, per no sentir-me tan sol, per parlar una mica només... i de sobte, sense saber per què, perquè jo estava content, t'ho juro, vaig sentir que algú em mirava, allà mateix a casa, algú m'estava mirant, però no podia ser, jo estava tot sol. Em va fer tanta por que vaig tancar els ulls. Una ràbia em va venir de cop, tanta que sentia que em pesava el cap. Que es fotin, vaig pensar, que es fotin tots aquests morts, els que havia vist a la tele. I quan obro els ulls era allà al bosc, allà mateix, al lloc des d'on es poden veure els avions. No era cap somni. Era allà, tot jo, ho sentia com ara mateix. No estic boig, t'ho juro, no sé què hi feia, els dits em feien mal com si hagués gratat el terra. I de cop vaig anar a parar no sé on, i va aparèixer un tio, no sé, no puc dir-te com era. No em va fer res, ara que ho penso, però quan em va mirar d'aquella manera... el vaig matar. Així sense adonar-me'n... i tot seguit, no ho recordo bé, em van venir ganes de posar-me una granada a la boca i rebentar-me davant de tothom. Per això vaig tornar a tancar els ulls i em va venir al cap que t'havia de veure. Si no fos per tu, vaig pensar. He vingut fins aquí sense mirar ningú pel carrer, no sigui que em vinguin les ganes de fer mal un altre cop. Tant de bo tot el que t'estic explicant fos mentida. A casa ja no hi puc tornar, em fa por. Jo no sóc una mala persona, tu ho saps. *(El Mateu i l'Estrella es miren.)*

Au, tornem-hi un altre cop: Qui sóc? Em reconeixes?

(...)

Qui sóc?

Estrella: Treu-me d'aquí, sisplau; m'he perdut, no sé com arribar-hi.

Mateu: Per què no em respons?

Estrella: Anem-nos-en!

Mateu: On? On vols que et porti?

Estrella: Allà!

Mateu: Digues-m'ho, mama!

Estrella: No ho sé! Auxili!, aquí hi ha un home que em vol fer mal...

Mateu: Quin home? Quin home?

Estrella: No ho sé, fill meu. No ho sé. Auxili!

Mateu: Sóc en Mateu, el teu fill.

Perdona'm.

Estrella: Deixa'm, no em matis, no em matis....

Mateu: Perdona'm. A tu no, no et podria fer mal.

Pausa.

Estrella: Tot se me'n va del cap, sóc un desastre.

Mateu: Ja t'ho aniré recordant jo.

Estrella: Per què? Per què?
Mateu: No ho sé.
Estrella: Vint-i-tres! Sí, a la vint-i-tres, allà visc, allà, al fons de la sala.
Me'n recordo.
(...)
Quan tornaràs a venir?

VI

*En un espai infinit. L'*August *sol.*

August: Virgínia, Virgínia! Que em sents?

(...)

Ets a la dutxa?

(...)

o a la terrassa?

(...)

que ets a l'estudi?

(...)

Ara m'agradaria que fossis aquí amb mi, escoltant-me, com cada nit, perquè m'ajudessis a creure que has anat a passejar, perquè necessites sortir per trobar idees, sí, això, idees, i després fer allò que t'agrada tant amb els colors quan pintes. Jo no sóc com qualsevol home, per què he de sospitar res? I no ho faig, perquè no vull. No em posaré nerviós, t'esperaré fins que arribis i em faré l'adormit perquè no vull que pensis que t'he estat esperant. Ets aquí, oi? No has marxat, no, perquè en el fons saps que sóc l'home que busques, per això també t'espero, jo ho sé millor que tu. Això és el que he de pensar. No sé què passaria si una nit t'anés a buscar i et trobés amb algú enmig d'un camp de futbol posem per cas o als lavabos d'una benzinera. Això no ho vull pensar. Jo podria apagar els llums, no dir-te res, ni una sola paraula... respirar així com si t'amenacés, no ho sé... Apropar-me a tu, per l'esquena lentament, endevinar els teus somnis, llegir el teu pensament, fer totes aquestes coses que a tu t'agraden. Què has d'anar a buscar en un altre lloc?

Això no t'ho sé dir.

Faria tot això tan perillós, perquè sé que t'excita.

Ets al carrer passejant, que per què?... perquè necessites respirar aire net, sí, és això. I no et passarà res de dolent. Faré el que tu em demanis, no sóc capaç de fer res més. Si vols que t'esperi aquí t'espero. Ara desitjo que es faci de dia.

(Es fa de dia.)

Ho veus? S'ha fet de dia perquè és la meva voluntat i et preparo l'esmorzar perquè sé que vindràs amb gana.

(...)

I sento que ja has arribat.

(Apareix la VIRGÍNIA *acabada de dutxar.)*

Estem tan contents! Escolta!, se sent la ràdio com cada matí. El locutor dóna notícies de guerra.

(Se sent la ràdio.)

I em parles.

VIRGÍNIA: Tinc tanta gana!

AUGUST: I jo. Hi ha ous remenats, també. En vols?

VIRGÍNIA: I la nena?

AUGUST: Ja l'he dut al col·legi. Vols cafè?

VIRGÍNIA: No s'ha acomiadat de mi.

AUGUST: T'ha fet un petó mentre dormies. Vols maduixes?

VIRGÍNIA: Estic tan cansada!

AUGUST: Si vols, pots tornar al llit. Vols que t'hi porti?

VIRGÍNIA: Apaga la ràdio, que estic farta de sentir el mateix. Total, no passa res. Només ens posen la por al cos.

AUGUST: Et va bé una sonata de Mozart?

Se sent de sobte la Sonata (Trio) en si bemoll major de Mozart.

VIRGÍNIA: Això està millor.

AUGUST: Ho veus? El que tu vulguis.

VIRGÍNIA: Això sí que és seriós.
AUGUST: No passa res.
VIRGÍNIA: Gràcies.

Esmorzen feliços. Es fa de nit molt lentament. Silenci.

AUGUST: I desapareixes, com si res no hagués passat.
(La VIRGÍNIA desapareix.)
Si hagués pogut sortir darrere teu quan has marxat, barrar-te el pas, dir-te alguna cosa, no ho sé; però no puc, no puc... et tinc por, Virgínia, et tinc por. Em vénen ganes de matar-te. No hi pensis més... No passa res. No t'ha de passar res de dolent, Virgínia!
Que em sents?
Ets al saló, al mejador, al bany, i no m'has pogut sentir.
Ets aquí, fins que no digui el contrari i et vagi a buscar.
(Al fons se sent alguna cosa que cau al terra.)
Crec que la nena s'ha despertat, Virgínia. Ja hi vaig jo! Ja hi vaig jo.

Surt.

VII

A la ciutat. En Mateu *amb el ulls tancats.*

Mateu: Ara, obre'ls.

(Se sent el soroll de la ciutat.)

Tu saps que no estàs boig, perquè saps perfectament que si penses que t'has tornat boig és perquè encara hi ets, aquí, de quatre grapes, agafat a la realitat que t'assenyala el que has de fer; intentant comprendre el sentit d'aquesta presència estranya que et trobes per tot arreu, això no ho fa un boig. Tens la certesa que no pots fer-te enrere, i això és una altra realitat, negar-ho també és de bojos.

Aquesta ràbia que sents ara és la millor prova que no has perdut el seny...

Com collons es fa per aguantar aquesta vida? Abans sí que estava boig, com tots aquests que caminen tranquils pel carrer, com si no passés res al món. Només cal que tanqui els ulls un altre cop –ara ja no em fa tanta por–, i que em deixi anar. Això que acabo de dir no ho he dit jo. Ho ha dit una altra persona, potser. No ho sé. No ho sé. Potser sí que estaria bé tornar-se boig.

Tanca els ulls, ara, tanca'ls.

Tanca els ulls. En Mateu *desapareix. Soroll de cotxes que passen.*

VIII

La Virgínia *i un* Home desconegut *al parc.*

Home desconegut: Una dona com vostè per aquí...
Això és que s'ha perdut...
Virgínia: Si et digués que t'he vingut a buscar.
Home desconegut: Li diria que a mi ningú no em coneix, i que de fet no existeixo.
Virgínia: Ah, no?
Doncs ets l'home que busco!
Home desconegut: Porti'm on vulgui.
Virgínia: Doncs, aquí mateix.

I la Virgínia *s'abaixa els pantalons.*

Virgínia: No li havia d'haver dit que era l'home que buscava, perquè és mentida. És clar que em fa por, però crec que prefereixo tenir por quan no trobo la línia perfecta, el color que més s'aproxima a allò que vull dir, perquè en el fons no ho sé, com no sé tampoc el que vol el meu marit quan m'agafa la mà, ho intueixo, però m'asfixia. Ja m'agradaria, ja, no haver de sortir cada nit i de fet no entenc per què no torno a casa ara mateix, allà tinc tot el que es pot desitjar i no he de donar cap explicació. No cal que vingui a buscar-me el meu marit per sentir-me culpable, com ara em sento per no ser capaç de ser una senyora. Però no hi puc pensar perquè encara m'excito més. Torno a veure aquell home dels somnis que em diu no sé què només amb la mirada, i ho entenc tot. És clar que pot ser una excusa, perquè en el fons dec ser una

puta, pitjor que això. No sé d'on em ve la idea que potser algun dia tots aquests homes que em vaig trobant esdevinguin un de sol, que és el que desitjo. Ara m'és igual que sigui una excusa, no ho sé, i m'és igual si algun dia es fa realitat el que somio cada nit. Canvio de lloc, perquè l'he de trobar, o una follada ràpida, sense compromís, que em deixi ben cansada per poder dormir una altra nit, i oblidar tots aquests pensaments. Ara no puc recordar si acabo d'estar amb algun home desconegut, algú que s'ha sentit encuriosit perquè no porto calces i s'ha escorregut dintre meu així tan ràpid. Me'n vaig al parc, sí al parc, on has portat la teva filla aquesta tarda...
la meva filla...
no m'havia recorda't d'ella, on li has parlat dels ocells, Virgínia, i del lloc on van a parar els gats morts, el conte d'on van a parar els gats morts que es mengen els ocells, o el del soldadet de plom o el de les gaseles astutes que es mengen els tigres de Bengala.
No ho sé, me n'oblido, d'ella.

La Virgínia s'apuja els pantalons.

Home desconegut: Ja te'n vas?
Virgínia: Depèn.
Home desconegut: No ens havíem trobat abans?
Virgínia: Sí?
Home desconegut: Fa molt de temps.
Virgínia: No repeteixo mai, jo.
Home desconegut: No te'n recordes, de mi.
Virgínia: Quina importància té?
Home desconegut: De veritat que no te'n recordes?
Virgínia: Doncs, no.

HOME DESCONEGUT: Què voldries que et fes?
VIRGÍNIA: No cobraràs, oi?

Pausa.

VIRGÍNIA: Espera, espera, espera un moment. Un moment!

Silenci. Del fons de l'escenari apareix en MATEU com si busqués alguna cosa, de sobte es paralitza. Ella té la sensació que algú s'aproxima. Tots dos –en MATEU i la VIRGÍNIA– no es poden veure perquè ocupen espais diferents, però s'intueixen.

MATEU: Val la pena que recordis aquest moment de calma. Respira. Respira.
Tens la sensació que algú que no és aquí t'està mirant, amb la força de la mirada de tres-centes persones.

En MATEU tanca el ulls. L'HOME DESCONEGUT continua assetjant la VIRGÍNIA.

VIRGÍNIA: Que no em toquis, t'he dit!

IX

Se sent una sirena, alarma, multitud que s'escampa. La VIRGÍNIA *i l'*HOME DESCONEGUT *surten d'escena. En* MATEU *obre els ulls i apareix en un mercat públic.*

MATEU: Ara et vénen ganes de cridar: Una bomba, una bomba! Algú vol calar foc a aquest mercat! Què collons hi faig, aquí?, i et quedes paralitzat amb la por de tancar els ulls, perquè saps el que podria passar quan els tornis a obrir. No els tanquis, no, no els tanquis, perquè torna aquest sentiment de ràbia que ja et va fer matar un home i busques la mirada de totes les persones que veus al teu voltant, i el sentiment es multiplica per cadascuna d'elles. Si tingués una escopeta a les mans... De sobte et ve un moment de calma. T'adones que no està passant res, que tot t'ho has estat imaginant. Defuges la mirada de la gent que fa la seva vida normal, la porta de sortida és allà i sents la temptació de... veig tan clars els motius: T'hi poses davant, aguantes la respiració i sents clarament per dintre que vols matar els solidaris, els compassius, els tendres, els respectuosos, les víctimes, els que ploren desconsolats davant la foto del negret afamat i s'indignen per les matances, els que es manifesten perquè els avenços tecnològics no són a l'abast de tothom. Te'ls carregues a tots, els bons i els que fan carícies, a tots els que creen la il·lusió que algun dia tot això serà diferent... les bones persones com jo, que viuen protegides per un gran exèrcit. Els poderosos no cal, a aquests tots els hem volgut eliminar algun dia. Mira com tothom s'aparta, sembla que et llegeixen el pensament. Que quedin en peu els escorxadors, que són els únics llocs

reals d'aquesta ciutat, on tothom en el fons es vol matar, on tothom sent que fa nosa.
Hòstia! Ara qui sóc?, em reconeixes?
Sí, sóc un president elegit democràticament, que pensa, és clar, que pensa.
Jo no faig nosa, crides. No faig nosa!
Mira com se't queden mirant.
Però si no he fet res!
(...)
Però ho has pensat.
(Silenci. Mira enrere. Se sent una respiració agitada.)
Qui hi ha?
(En Mateu tanca els ulls i desapareix.)

X

La Virgínia *entra. Vigila al seu voltant. Apareix al darrere un* Home desconegut *descamisat i amb aparença seductora.*

Virgínia: Què vull que em facis, dius? Vull que em toquis entre les cames, que descobreixis que no porto calces, que em toquis els pits així i que no diguis res, jo oblidaré que m'has dit alguna cosa, perquè no ens tornarem a veure. Em deixaràs pensant que potser també em vols maltractar, no ho sé, que em deixis amb aquest dubte, que el que vols en el fons es donar-me un cop contra un d'aquests tubs al parc.Vull que et refreguis contra mi, que em tiris al terra, a la part més molla, que em taquis tot el vestit, que hi quedin senyals. Xucla'm el coll, xucla'm el coll amb força, que no en quedi cap dubte, que em tornis a tocar l'entrecuix i que amb els dits em penetris, només amb els dits. Ara hauria de venir el meu marit; vull veure la seva ràbia, sentir que sóc més forta, que no el necessito per res, com m'excita imaginar-me que em desitja la mort i que després se sent culpable per no haver-me anat al darrere, això sí que és un motiu força important per sortir cada nit així com ho faig. Tu, què mires?, posa-me-la a la boca. Fem-ho allà, al mig del camp de futbol.

Home desconegut: Per què corres?

Virgínia: No ho sé.

Home desconegut: Vine, vine, no et passarà res!

Virgínia: No m'ho diguis, això. No m'ho diguis.

S'abracen.

XI

Els fars molt potents d'un cotxe il·luminen els cossos de la Virgínia *i l'*Home desconegut. *Apareix en* Mateu *corrents. La parella s'espanta i surten d'escena per llocs oposats. En* Mateu *s'encega. La* Virgínia *torna i l'observa. Ell nota la seva presència, però no sap on ubicar-la. Soroll de ciutat. El clàxon d'un cotxe que està a punt d'atropellar-lo. En* Mateu *s'aparta. La* Virgínia *es queda al seu costat.*

Mateu: Ara necessito una mica d'esperança, si no això jo no ho puc aguantar, un whisky, potser, un whisky. Imagina't doncs que coneixes una dona que t'ha estat buscant tot aquest temps, això ja m'agrada més, que fins i tot et somia, i resulta que aquesta és la dona que sempre has esperat i que mai no t'ha reconegut fins ara... i se t'apropa, lentament, nua... pots saber el que pensa amb tanta claredat... Et sento tan a prop. És clar que t'has d'imaginar també que no t'ha passat res, que tot continua igual com abans d'aquella nit quan veia la tele a casa, cap mirada, cap veu estranya... res, cap símptoma de ràbia ni de por quan estàs a punt d'obrir els ulls.
(La Virgínia *desapareix.)*
Mira, tornes a sentir-te sol, i aquella que hi ha al fons et diu no sé què, és una puta, la mateixa que ho va fer el dilluns passat quan vas venir al bosc, i ja no et reconeix, millor penses, millor, no sigui cas que esperi de mi alguna cosa més, no et reconeix, no... tu que no havies creuat paraula amb cap altra dona abans, perquè no saps què dir a una dona, coses importants, vull dir, ni com: el preu s'ho val, penses, el preu s'ho val: 10 minuts, 5, el temps just per abaixar-te els panta-

lons i els calçotets: 10 minuts d'oxigen, no ens passéssim, paga i vés-te'n ràpid. Cada dilluns aquell forat disposat per a tu, què vols més? Anima't, què t'importa si no se'n recorda, del teu nom. Aleshores no pensaves a matar. Menys mal, perquè així et descarregues, et vesteixes i surts com si t'haguessis acabat de dutxar i que no et vingui cap pensament, res no té importància: ni fills, ni cotxes, ni cases, res que t'entretingui: el cel potser, fruits molt dolços pertot arreu, dones que et miren així com aquesta última que et tornarà a veure i no et reconeixerà, la profunda consciència que en algun moment de la història dels homes ens vam equivocar, ja no ets necessari, ningú no em reconeix... Si no fos per la teva mare, ja hauries acabat amb tot això. Qui sóc ara?, i recordes la mirada del teu pare abans de morir. Es fa de dia, d'aquella manera que encara et fa sentir més sol, això és l'esperança.

(Es fa de dia.)

Fins i tot ha marxat el fred.

Imagines que veus venir la teva mare. Com si res no hagués passat, ella sola només, ara mateix

(Entra l'Estrella.)

amb un cistell!

L'Estrella surt i torna amb un cistell.

Estrella: Va, ajuda'm amb la taula, fill meu.

Mateu: Sí, mama, el que tu diguis.

Estrella: Com ha canviat tot això. Va, fes via! Abans el bosc arribava fins a les cases d'allà baix... no? Quina olor de pi.

Mateu: Ara el bosc acaba on hi ha aquells edificis. Mira, i darrere d'aquell turó es pot veure l'aeroport.

Estrella: Sí que és lluny!

Mateu: A vegades és molt difícil de veure i et pots perdre, sobretot de nit.

Estrella *(referint-se a la taula)*: Recordes com es muntava? Aquí hi seia el pare i mirava al fons. Però ell ja no hi és... Vindrà en un altre ocasió, no?

Mateu: Com tu vulguis.

Estrella: Allà, tu. I jo... També hi ha cadiretes... Blaves?

Mateu: Blaves.

Estrella: Vés a buscar-les!

Mateu: Fa olor de truita de patates.

Estrella: Sí, i mira tot el que t'he portat.

L'Estrella treu una ràdio portàtil i la sintonitza. Mateu treu menjar i begudes del cistell. Tots dos seuen feliços, mengen i beuen, riuen. Breu felicitat. De sobte es desintonitza l'emissió, veu d'un comentarista de notícies que es perd.

Estrella: I tu vols que ho recordi tot, com si no hagués passat res. Fins ara he estat una bona persona, jo que he vist com es matava la gent en una guerra, amb la por al cos que no em matessin a mi, que m'ha perseguit sempre de dia i de nit. Ja sé que no hi ha cap guerra aquí, ja ho sé. Però al meu cap tot és un gran polseguera. Abans de morir-me de ràbia jo sola, prefereixo convertir-me en un animal.

(...)

Que no se m'oblidi... té...

(L'Estrella treu del cistell una granada de mà i li dona al Mateu.)

El pare la guardava al calaix per si un cas, te'n recordes?

Mateu: Es fa de nit un altre cop i comença a fer fred.

Ja te'n vas?

Estrella: Fill meu, pensa que tot això t'ho has imaginat, jo he de tornar.

Mateu: I això també m'ho he imaginat?

Li mostra la granada.

Estrella: Hi ha un taxi que t'espera.

So de connexió d'una emissora d'una línia de taxis.

Mateu: Quin taxi? Jo no veig cap taxi! Per què no em contestes?

L'Estrella desapareix.

Veu en off de l'Estrella: Tanca els ulls, fill meu. Ara, tanca'ls!

La veu d'un locutor de ràdio parla d'una invasió militar en alguna part del món, d'algun acte violent a la ciutat. Es fa de nit. Torna el fred. En Mateu tanca els ulls i desapareix.

XII

Un altre cop la carretera al costat del descampat. Apareix la VIRGÍNIA *arreglant-se la brusa i un* HOME DESCONEGUT *cordant-se els pantalons.*

VIRGÍNIA: Tu, per què plores?
HOME DESCONEGUT: *(...)*
VIRGÍNIA: Que t'he fet mal?
HOME DESCONEGUT: *(...)*
VIRGÍNIA: T'he maltractat sense adonar-me'n?
HOME DESCONEGUT: *(...)*
VIRGÍNIA: Hem fet alguna cosa que no et venia de gust? T'has escorregut a dintre, oi?
HOME DESCONEGUT: *(...)*
VIRGÍNIA: T'ho has passat bé, no?
HOME DESCONEGUT: Sí... No és això.
VIRGÍNIA: Però no pares de plorar.
HOME DESCONEGUT: *(...)*
VIRGÍNIA: Doncs, adéu!
HOME DESCONEGUT: M'he... Hem...!
VIRGÍNIA: Perdona, jo...
HOME DESCONEGUT: És que m'he imaginat per un moment que... potser no t'agradarà el que et diré, però...
VIRGÍNIA: *(...)*
HOME DESCONEGUT: M'he imaginat que ens tornaríem a veure... No, ja sé que no és possible, quina ximpleria!, ja sé que marxaràs i que no tornarà a passar, després del que hem fet, Déu meu, jo mateix seria el primer de marxar, no tinguis por... em dónes el teu nom, em deixes el telèfon, quedem per

demà a casa meva, o a casa teva i així , un dia i un altre, en fi... no pot tornar a passar, és així... No té cap morbo... no té cap morbo.

Però ho he imaginat, i m'he sentit molt content.

He deixat de sentir-me sol.

Fins i tot he tingut la sensació que et llegia el pensament...

Virgínia: *(...)*

Home desconegut: Ja t'ho he dit. No cal que et sentis compromesa.

Virgínia: A mi, això no m'ha passat mai.

Home desconegut: Ho sé, per això m'he sentit encara més trist, perquè he intentat dir-t'ho d'una altra manera i ha estat impossible.

Virgínia: *(...)*

Home desconegut: No ens posem cursis. Ja em passarà.

Virgínia: Si vols em quedo amb tu una estona més... Encara no s'ha fet de dia.

Home desconegut: No tindries prou temps.

XIII

Uns fars molt forts il·luminen la Virgínia i l'Home desconegut mentre surten d'escena espantats. La veu d'un locutor de ràdio parla d'una invasió militar en alguna part del món, d'actes violents a la ciutat. Veiem en Mateu assegut a la part de darrere d'un taxi. La Taxista espera una resposta amb molta impaciència.

La taxista: Que no em sent? On vol que el porti? Que li ha passat alguna cosa?
(Apaga la ràdio.)
Potser així em sentirà millor. Sempre parlen del mateix. Que no em sent? Encara no m'ha dit on vol que el porti.
Mateu: Perdoni, estava distret.
La taxista: A mi m'és igual anar tirant, mentre m'ho pagui.
Mateu: Vaig al final de la carretera, on s'acaba el bosc.

Pausa.

La taxista: Li molesta que engegui la ràdio un altre cop? Millor que no.
Ha tingut molta sort que jo el recollís, no ho faig sovint, perquè aquesta zona és molt perillosa, però he pensat, va, dona, dóna-li una oportunitat, a aquest home, que no veus que no fa mala cara?; i aleshores m'he aturat. Li va bé que pugem per aquí? Perquè he pensat, a més, que potser li havia passat alguna cosa. Perquè no és normal que una persona sola vagi caminant per aquí. A més, si volgués fer-me alguna cosa, miri.

(Treu un bat de beisbol.)

Aquí tinc això per trencar-li el cap... No seria la primera vegada que el faig servir. I miri això altre.

(Li mostra unes cadenes.)

Ah, no, miri, això és més contundent. I tanqui la finestra que fa molt de fred.

(Li mostra un ganivet, mentre ell tanca la finestra.)

Això de la inseguretat és perquè aquesta gent que viu en aquests països on hi ha pobresa tot ho arregla posant bombes o segrestant o traficant, no saben que tot es pot millorar parlant. La ràdio no s'equivoca. Després emigren perquè allò no es pot aguantar, vénen cap aquí, tot de musulmans i aleshores comencen els robatoris. Si és claríssim, que tot és una conxorxa de l'Islam, que no ho veu? Tot ple d'imams disseminats per tot arreu que organitzen el final d'Europa. Jo, si vostè fos un d'aquests, no m'hauria parat, li tiraria el cotxe a sobre. Però no m'enverino la sang amb això, perquè jo agafo el taxi per prendre el pols al carrer, no perquè ho necessiti. Entre el que sento a la ràdio i la meva experiència, en tinc prou. Vostè deu ser més de televisió. Pensi que jo veig moltes coses anant pel carrer. Putes, maricons, que d'això n'està ple, moros, negres. Més amunt encara?, si anem per aquí, podrem agafar l'avinguda i entrarem al bosc un altre cop de cara a l'aeroport. No parlem de les drogues que vénen de l'altra banda del món... això també és una altra conxorxa dels «sudaques» per acabar amb els joves d'aquí i quedar-se amb tot el que hem arribat a tenir. Vostè no deu pas ser sud-americà? No, és nota que vostè és d'aquí. Vivim una guerra. Miri.

(Treu un matxet.)

Això sí que és una bona arma de protecció. Serveix per a tallar la canya. A que no li vénen ganes de fer-me res, dic jo, en el cas que li hagi passat pel cap; i això que no li he parlat dels cursos de defensa personal que he fet.

Una ombra recorre l'escenari. En MATEU la descobreix. L'ombra desapareix.

MATEU: És aquí. Pari!
LA TAXISTA: Però si encara no hem arribat!
MATEU: Li he dit que és aquí.

LA TAXISTA para el cotxe.

LA TAXISTA: N'està segur?
(Mira al seu voltant en actitut de vigilància extrema.)
Sisplau, doni-m'ho just, no tinc gaire canvi.
(En MATEU li paga. Obre la porta. Surt del cotxe. LA TAXISTA revisa que no quedi res al darrere i hi troba la granada de mà.)
Escolti! S'ha deixat això!

Li ho mostra. En MATEU s'acosta a LA TAXISTA perillosament i l'agafa. En MATEU marxa corrents per una banda de l'escenari, per on ha sortit l'ombra. LA TAXISTA somriu i surt per l'altra banda.

XIV

Lavabos públics. Entra la Virgínia *esgotada, com si vingués d'un lloc molt llunyà. Algun mirall trencat on es veu reflectida. L'ombra d'un home que passa. Algú pixa en un vàter i tira de la cadena, raig d'aigua, algú es neteja la cara. Un* Home desconegut *s'apuja la cremallera mentre la mira detingudament. Ella també se'l mira.*

Virgínia: Sento la teva mirada que s'escapa per entre els miralls. Sóc als lavabos dels homes, els guardes de seguretat no m'han vist entrar... Ara recordo que avui deliberadament m'he deixat els documents a casa perquè potser ets un policia i em mires com si fos culpable d'alguna cosa. O no... Deixa'm que m'imagini tot el que deus estar pensant de mi en aquest moment, i no facis cap gest. Així m'oblido de mi. *(La imatge d'en* Mateu *que entra en un espai desconegut es reflecteix als miralls. La* Virgínia *tanca els ulls.)*

On?

On ets?

(En Mateu *intenta trobar una manera d'entrar, de respondre, però no ho aconsegueix.)*

No pot ser. Tornes a somiar.

(En Mateu *desapareix. Ella torna a obrir els ulls. L'*Home desconegut *s'apropa a la* Virgínia*.)*

Tu sí que ets real. Ja sé que no ets l'home que busco. No, no m'he equivocat de porta, sabia perfectament que et trobaria aquí, mirant-me d'aquesta manera, o així ho vull pensar. Els teus ulls no enganyen. Qualsevol dona, per inconscient, inexperta que sigui, sabria que ets un violador, que has intentat escanyar la teva mare, que has matat la teva filla i que, abans d'arribar aquí, has violat una nena que sortia de l'escola. Jo sé perfectament que has estat un soldat que durant molt de temps has vist com mataven gent, tu saps perfectament que jo sé que pots matar i que saps quan s'ha de fer... Ho imagino, per la teva mirada –mira'm així–, per la forma que tenen els teus llavis. Tu sí que existeixes, no com l'home que somio, ni tampoc com el meu marit, no. Ara puc sentir el teu alè i aquí en aquesta ciutat no passen aquestes coses, aquesta ciutat que és tan avorrida, sí: pinto avorrida, menjo avorrida, dormo avorrida, estic avorrida de la meva filla i de pensar en el meu marit.

Ja hi sóc.

Vols que em tregui la roba, és això? No, no em vindrà al cap un altre home, t'ho juro. Què vols que faci perquè t'adonis que potser aquesta nit serà l'última?

HOME DESCONEGUT: La cartera, vinga filla de puta!

VIRGÍNIA: Perdoni, m'he equivocat.

Una llum taronja envaeix l'escenari. Ella cau a terra ferida. L'HOME DESCONEGUT amaga una navalla a la butxaca dels pantalons i surt. De sobte –en un espai paral·lel–, entra en MATEU i amaga alguna cosa entre les fulles seques que hi ha al terra. Es queda d'esquena.

MATEU: Ara que dorms vinc a repetir-te que t'espero
al bosc, al final del bosc, des d'on es veuen sortir els avions.

En MATEU s'adorm a terra. La llum taronja desapareix. La VIRGÍNIA es desperta angoixada i adolorida.

Virgínia: On?

No em deixes veure't la cara. Vine un altre cop!
Deu, Nou, Vuit, Set, Sis...

La Virgínia desapareix.

XV

Hospital europeu. Planta 9. Habitació 23. Àrea Sociosanitària. Desolació. La mirada perduda de l'ESTRELLA es projecta a les parets de l'escenari. En MATEU es desperta exaltat.

MATEU: On vas?

ESTRELLA: No vaig enlloc.

MATEU: Perdona, m'he quedat adormit.

ESTRELLA: Roncava molt fort, vostè.

MATEU: Somiava.

ESTRELLA: Es veu que sí... i no s'ho passava gaire bé.

MATEU: No em recordo de res.

ESTRELLA: Li passa com a mi.

MATEU: M'he quedat amb la sensació com si hagués trobat algú, l'olor d'una persona coneguda.

ESTRELLA: Li passa com a mi.

MATEU: És clar.

ESTRELLA: Vostè m'ha dit que és el meu fill, oi?

MATEU: Sí.

ESTRELLA: N'està segur?

MATEU: Mama, sisplau.

ESTRELLA: Miri, li seré sincera, jo hi sóc perfectament, no vull que es pensi que... ja m'entén... que... Jo sé que em diu que és el meu fill perquè em quedi tranquil·la.

MATEU: Per què no descanses una mica? Jo em quedaré la resta de la nit per fer-te companyia. Feia molts dies que no ens vèiem.

ESTRELLA: Jo m'ho he passat molt bé aquí amb vostè... acompanyada, és clar, però ara jo he de tornar a casa.

Mateu: No diguis res més.

Estrella: Vostè em tracta com si jo fos una malalta i jo hauria d'anar a casa meva a acabar de resoldre un problema molt gran que tinc. Quedi's adormit, home! Somiï tot el que vulgui.

Mateu: Jo et puc ajudar.

Estrella: Per què em tracta de tu? Que ens coneixem?

Mateu: Mama!

Estrella: El meu fill és molt diferent de vostè. No hi té res a veure. Ell és molt bona persona, vostè no ho sé; mai no menteix, mai no he pogut entendre com no s'ha casat, les dones som molt rares i ell és tan transparent, potser deu ser per això: no el veuen. Però jo sí, sempre, i em sento molt segura quan vaig amb ell al mercat a comprar, ell és molt educat, diu: «bon dia» o «bona nit» quan es troba amb un home que no coneix a l'aparcament, mai no faria mal a ningú, ni a una serp que estigués a punt d'enverinar-lo; ni en somnis, mai, el meu fill no sap el que és sentir ràbia, no ho sap, no és cap assassí ni desconfia de ningú; mai de la vida s'ha enfadat: li agrada tant aquest món que fins i tot a mi a vegades m'ha fet emprenyar. Vostè no s'imagina el que és viure en pau com ho fa ell, sense cap enemic. Miri, quan fa temps que no hi ha guerra, com passa aquí, la gent ja no sap a qui ha d'odiar, perquè l'odi es manté sempre, sap? No saben què fer-ne, però com que la gent és educada, dissimula, o fa el que pot, fins que de sobte, i això deu ser com un rellotge natural o un senyal que es transmet pels somnis, crec, alguns –no tots, per sort– comencen a cremar estrangers, no saben per què, o a destruir hospitals, matar veïns sense pensar, trepitjar-se el cap en un estadi, abandonar fills, fins i tot deixen de tenir-ne, o els vénen ganes de fotre's un tret al cor. Tot això si no s'inventen abans una nova guerra com la que em va tocar a mi.

Jo crec que és perquè el món es purga d'una mala digestió de tanta ràbia o perquè es fa petit de tanta gent que porta a sobre. El meu fill no hi té res a veure. Potser es pensa que exagero, però ell és tan bo que un dia em vindrà a buscar i em portarà a casa, ell m'ho va prometre: «Agafarem un avió, mama, i et portaré a casa teva.» Entrarem per la porta que hi ha al carrer principal, davant del forn de pa, anirem a l'habitació de l'àvia que ens està esperant, vostè no pot saber com és aquesta habitació, ni com era de bo el meu marit, com se l'estimava. La gent es pensa que està mort, però ell està tan content. Va, ara no vinguis a fer-me petons, i deixa'm entrar a la cuina. Està tot tan net, mira, vine amb mi, què et passa? No tinguis por, obre la porta, acompanya'm a l'habitació que he de deixar aquestes pedres que he trobat pel camí, al teu pare li agraden molt. Mira com està de content que hàgim tornat. Quina bona olor, l'àvia ja deu ser a la cuina preparant la truita de patates. Com és que el llimoner aquest any ha fet taronges? No t'apropis a la finestra, no t'hi apropis que és perillós. Apaga els llums! Apaga'ls, que no ens vegin! Tot s'omple de fum!

L'Estrella aguanta la respiració de manera evident. Sembla que li comencés a faltar la respiració. En Mateu s'hi atansa. Comença a ofegar-se. Ella li agafa el braç amb força.

Mateu: Ja n'hi ha prou! Respira! Respira!

En Mateu fa servir el timbre per demanar l'ajut d'algun infermer. Ella no torna a parlar més.

XVI

A la part de fora d'una benzinera al marge d'una carretera. *Virgínia.*

Virgínia: Aquesta vegada les ferides no són gaire profundes i no em fan gaire mal. Finalment em ve a buscar el meu marit, després de tantes nits, mai no ho havia fet.
August, això sí que no m'ho imagino pas.

Entra l'August.

Virgínia: Digue'm que em véns a buscar perquè vols estar amb mi.
August: No et moguis, Virgínia.

L'August s'apropa, l'acaricia i l'agafa en braços. Al fons algú manipula una ràdio. Se sent un altre cop un fragment de la Sonata (Trio) en si bemoll major de Mozart.

Virgínia: Digue'm que no vols que t'expliqui res.
August: Té, el teu abric. Anem a dormir.
Virgínia: Digue'm que has pensat que avui em matarien.
August: No sé com t'he pogut trobar.
Virgínia: Que vols saber què és el que estic pensant.
August: He pensat que et trobaria morta.
Virgínia: Estic morta, estic morta.
August: On és aquest fill de puta que t'ha fet això?
Virgínia: Digue'm que estàs gelós i que series capaç de matar tu també, que series capaç de matar-me aquí mateix, d'ofegar-me aquí mateix.

AUGUST: Mai no et faria mal.
VIRGÍNIA: Digue'm que avui dormirem junts.
AUGUST: Anem al cotxe.
VIRGÍNIA: Digue'm que faràs l'amor amb mi aquí mateix.
AUGUST: Fas tan bona olor.
VIRGÍNIA: No et tallis, August, despulla'm.
AUGUST: No sé com encara en tinc ganes.
VIRGÍNIA: He esperat que em vinguessis a buscar.
AUGUST: Que sigui l'última vegada.
VIRGÍNIA: Això, digue'm això.
AUGUST: Agafa't fort.
VIRGÍNIA: No ho tornaré a fer.
AUGUST: No.
VIRGÍNIA: T'he trobat a faltar!
AUGUST: *(...)*
VIRGÍNIA: T'he trobat tant a faltar.
(L'AUGUST i la VIRGÍNIA inicien la sortida.)
Això també ho havia somiat.
(Surt el sol i molesta als ulls.)

Estiu

Molts dies després... La ciutat continua igual.

XVII

*Tarda calenta. Llum taronja intensa. A la sala d'un hospital europeu. Remor de camilles. L'*Estrella *està lligada a una cadira de rodes i la seva mirada perduda es projecta a les parets. En* Mateu *espera una resposta.*

Mateu: Qui sóc, mama?
Estrella: *(...)*
Mateu: Qui sóc?
Estrella: *(...)*
Mateu: Ara sí que no hi ets.
Estrella: *(...)*
Mateu: Què mires?
Estrella: *(...)*
Mateu: Em vénen els desitjos incontrolables de tornar al bosc... com si algú em cantés a cau d'orella.
(En Mateu *deslliga l'*Estrella.*)*
Què hi deu haver, a l'altra banda?
(...)
No res, no. Més que aquí, oi? Per això t'hi perds.
(...)
Tot deu flotar, a l'altra banda.
(...)
Al teu costat em sento tan tranquil. Ningú no ens persegueix, ni ens mira, ni ens té por, ni ens amenaça.
(...)
Em deixes ser el teu pensament?
Estrella: *(...)*
Mateu: Ara sí, no?

Estrella: *(...)*
Mateu: Ara és el moment.

Se sent que passa un avió molt a prop, quasi tocant l'edifici. En Mateu *surt d'escena. La mirada de l'*Estrella*, que continua projectada a les parets, es concentra en un punt, deixa d'estar perduda. Somriu. Fa el gest d'aixecar-se de la cadira. Desapareix. Alguna finestra es trenca.*

XVIII

*Continua sent de dia. Molta calor. La llum del sol crema. Un espai infinit. Apareixen l'*AUGUST *i la* VIRGÍNIA. *Ell li neteja les ferides a ella.*

AUGUST: Què deu haver estat aquest soroll?

Et posaré una mica més d'alcohol al front, tanca els ulls, que no prenguis més mal. Si en el fons jo no sóc tan bona persona. Me'n vaig. He deixat la nena a casa dels avis perquè desconfio de tu. Et deixo sola no sé si per venjança pel que m'has estat fent, o perquè vull que et vagi encara pitjor. A partir d'ara ja no tindràs cap obligació, no podràs esperar que ningú et persegueixi quan surts de casa cada nit, ningú es preocuparà per tu, ni es desvetllarà. Ningú t'anirà a buscar ni et netejarà les ferides ni t'endevinarà els somnis.

Fa molt mal, oi?

Aquesta ferida és profunda.

Espero que em trobis a faltar. Durant tots aquests anys, cada nit que marxaves, sentia ganes de matar-te, imaginava que t'arrencava les mans perquè no poguesssis pintar mai més, t'asfixiava, t'enverinava, et cremava, i quan et tenia ben morta, quan estava ben segur que ja no respiraves, aleshores tornaves a venir. Trencava els braços a tots els que havien estat amb tu cada nit, a tots, els perseguia un a un, dins del meu cap, fins a tornar-me boig. Em feia l'adormit quan arribaves, no et deia que feies olor de merda; no t'ho deia perquè pensava que potser te n'aniries, m'acusaries de ser un covard. Volia saber el que pensaves, i encara ho vull, volia saber el que somiaves, ser l'home que apareix al teu somni i matar tot allò que et fa fora de casa, follar amb tu a cada moment. T'he esperat cada matinada com si no hagués passat res. No passa res, et deia. Et mentia cada nit que tu marxaves. Però tu tornaves a venir. I no puc més.

(...)

Ja està. Ja estàs curada.

(...)

Perdona'm per haver estat tan mala persona.

Virgínia: Per què t'has quedat?

August: Per mirar-te per darrera vegada.

Virgínia: La nena estarà bé amb els avis.

August: T'importa que me'n vagi?

Virgínia: Sí, però no hi puc fer res.

August: Digue'm que em quedi. Digue'm-ho.

Virgínia: Aquest desig algun dia el pintaré.

La nit cau de sobte i el seu pes es fa sentir a les espatlles dels personatges. L'August desapareix esperant una resposta.

XIX

La Virgínia *sola en un espai indeterminat.*

Virgínia: Baixo de casa amb una certesa, un dolor als pits, als mugrons, al melic i em veig tota infectada, per fi un límit precís que em paralitza, la tinya que em devora el cos, la pell florida a l'entrecuix, el segrest dels condilomes, raïms que pengen fins a l'infinit i fan aparèixer un altre cos, rius d'herpes, crits de vida, fauna autèntica, lleons que m'amenacen, xancres d'or, pústules taronges, cremor a la pell, tornar-me cega i morir-me a mans d'un exèrcit de càndides que em deixen sense respiració o
per la inevitable desaparició
dels limfòcits armats fins a les ungles.
Algun remordiment, potser, trobar a faltar la meva filla, res.
Això no deu ser normal.
Un taxi!

Carretera. Uns fars molt potents il·luminen el cos de la Virgínia. *Un cotxe fa una forta frenada de sobte, com si hagués estat a punt d'atropellar-la. Altres cotxes frenen, la llum de molts altres fars. Caos. La* Virgínia *tanca els ulls i es porta les mans al cap, per protegir-se. Apareix la* Taxista *que es col·loca al seu costat.*

La Taxista: Què? Ha pogut descansar una mica?
Virgínia: *(...)*
La Taxista: Si l'hagués deixat sola, vostè ara ja estaria morta,

vull dir. Aquesta zona s'ha convertit en una mena de... desert... que s'ha infiltrat al nostre continent... no sé si veu la polseguera... pitjor que un d'aquests països subdesenvolupats. Els seus òrgans ja serien en algun congelador a punt de ser venuts als Estats Units. Nosaltres ens queixem, però només cal que pugem per aquesta carretera, que travessem el riu, ho veu?... perquè es pugui dir... aquí sí que es viu... bé. Miri, quines llums més boniques, tots els carrers endreçats i nets que es veuen a l'altra banda...

Però no és fàcil sortir d'aquí. Encara hem de travessar tot aquest barri.

Virgínia: On em porta?

La Taxista: No pateixi, arribarem a temps.

La Taxista accelera i fa una maniobra...

Virgínia: Però què fa?

Se sent un crit i un cop molt fort.

La Taxista: Un menys!

Virgínia: Però ha atropellat un home!

La Taxista: Això no era un home. Era un animal que se m'ha posat al davant. Un gos!

Virgínia: L'home ha intentat evitar el cop, però vostè li ha tirat el cotxe a sobre.

Pari! Pari! L'hem d'ajudar.

La Taxista: No es faci l'estreta.

Miri, la gossa!

Virgínia: Què fa?

Se sent un crit i un altre cop molt fort...

La Taxista: Sempre que en mates un d'aquests ve la seva femella... Són d'una raça molt familiar. No és la primera vegada que passa. A mi em fa molta llàstima

Virgínia: Vagi amb compte!

Se senten tres cops secs i vidres...

La Taxista: Tres... Un darrere l'altre... Si és que són com conills. Encara em deuen haver embrutat el vehicle.

Virgínia: Pari!

La Taxista: Què vol? Que anem a la policia i declari que vostè i jo hem tingut un accident? Un terrible accident? A aquests ningú no els trobarà, no pateixi. Els seus cossos desapareixen en l'asfalt, es dissolen, no hi ha qui els reclami... i si en quedés algun tros, se'l mengen entre ells o el venen.

La Virgínia intenta obrir la porta del cotxe, els vidres i és impossible.

Virgínia: Els hem d'ajudar, això és tot ple de sang.

La Taxista: Els donaria un nom? Els donaria menjar? Feina? Els donaria casa seva? Millor, la compartiria amb ells? Els donaria tot el que sap? Els donaria el temps per a sortir de nit, així com ho fa vostè? Això n'està ple, n'hi ha milers per aquí amb veritables ganes de viure... esperant la mateixa oportunitat que ha tingut vostè.

Imagini's que tots aquests gossos udolessin alhora. No hi ha res a fer.

Virgínia: Si no para, em tiro per la finestra.

La Taxista: Aquí... És aquí...

(Frena.)

Tot això que acaba de passar ho oblidarà tan aviat com baixi

del cotxe. Veurà que no haurà passat res. Pot ser que en quedi alguna remor, però serà com un mal pensament. Tothom el té, i després se n'oblida. Afortunadament, ningú no diu res. Els cadàvers es fonen en l'oblit.
(Pausa.)
Obrirà un altre cop els ulls i s'adonarà que és al final del bosc, des d'on es veuen sortir els avions. Veurà un cartell que la guiarà.

La VIRGÍNIA baixa del cotxe. La TAXISTA marxa. La VIRGÍNIA tanca els ulls i es porta les mans al cap, per protegir-se. El soroll d'un cotxe que derrapa i continua la seva marxa.

XX

La VIRGÍNIA està sola. La llum de la lluna taronja. Simultàniament, en algun lloc del bosc, en MATEU entra vigilant les seves passes i busca alguna cosa.

VIRGÍNIA: Aparto els mals pensaments. Em trec les sabates, per donar-me més emoció, no sé, per fer-ho tot més explícit. Aquesta sensació d'arribar al final que se m'arrapa a la boca de l'estómac ara que pujo com puc fins al bosc de pins malalts, que avui serà la primera i última vegada, penso, com sempre penso quan em sento molt culpable pel que faré com si no hagués passat res perquè ara tot és nou i desconegut un altre cop
i és quan em sembla veure un home al fons; darrere d'aquells matolls, no, potser te l'imagines;
millor darrere d'aquells pins.
No sé si em pots veure.

MATEU: La veus, amagada darrere dels pins i no saps per què saps que aquesta no és una puta. Et sembla fins i tot coneguda, no, no pot ser. Això són idees teves. Fes com si no l'haguessis vist.

VIRGÍNIA: Per què no em mires?
No puc respirar amb aquesta olor de pólvora, que em fa imaginar una batalla. Que desaparegui per un instant entre les soques em fa pensar que s'amaga d'algú. Jo hauria de salvar-lo...
Sí?
Que intuexi que estic en perill i que vingui a rescatar-me. No està malament per començar la nit.
Hi ha algú?

Mateu: No contestis, no contestis, que senti molta por, que pensi que li faré mal.

Virgínia: Sí?

M'apropo com si hagués perdut l'orientació i noto, estic segura que ell em llegeix el pensament.

On?

Espero que digui: sóc aquí.

Mateu: Sóc aquí, eh!

Deixa't anar, encara que sigui l'última vegada, abans que trobis el que has vingut a buscar.

Virgínia: Hola.

Mateu: Hola.

Virgínia: Per què rius?

Mateu: No ho sé.

Virgínia: M'has espantat... Podria pensar que vens a fer-me mal.

Mateu: A tu, no; de fet, a tu no.

Virgínia: I sento el que em dius sense que moguis els llavis.

Perdó? M'has volgut dir alguna cosa?

Em quedo en silenci, perquè puguis pensar.

Mateu: Vols que et passi les mans pel cos i que et despulli?

Virgínia: Fes-ho!

Mateu: Et beso?

Virgínia: Jo també!

Mateu: Reconec aquesta olor. No, aquesta és l'olor que fan totes les dones.

Virgínia: Descobreixo les ganes que tens de morir-te, de matarme potser, però això no ho vull saber. Em quedo en blanc.

Mateu: Jo també.

Virgínia: No vull pensar que això que està passant és cert.

Mateu: No és cert... és només la il·lusió que sents quan et trec el vestit i t'obligo a descordar-me els pantalons.

No em miris d'aquesta manera!

Virgínia: I que aquest cop siguis l'únic.
Mateu: Qui sóc, em reconeixes?
Virgínia: Crec que sí.
Mateu: Què dius?
Virgínia: Com és que li contestes, dissimula, et deus haver tornat a equivocar.
Mateu: No pot ser, t'equivoques.
Virgínia: M'equivoco, sí.
Mateu: No la miris, tanca els ulls, tanca'ls.
Virgínia: No el miris així. Potser es pensarà que vull una altra cosa.
Mateu: Ara, obre'ls.
No veus que és una puta que espera els seus diners, per això et mira així.
T'estàs tornant boig, vés-te'n.
Virgínia: Vés-te'n... digues-li alguna cosa... No hi pensis més.
Mateu: No hi pensis més.
Virgínia: No et sento.
Mateu: No et sento.
Virgínia: Ara no et sento.
Mateu: Podries parlar una mica més fort?

En Mateu i la Virgínia es miren en silenci una llarga estona, mentre s'allunyen.

Mateu: Bé, doncs.
Virgínia: Bona nit.
Mateu: Sí, bona nit. Vagi amb compte.

Pausa.

Virgínia: Tant de bo trobis el que busques.

La VIRGÍNIA *desapareix. Es queda en* MATEU *sol.*

MATEU: Què és el que busques? Imbècil! Què és el que busques?
(Silenci absolut.)
M'han marxat les ganes de matar.

En MATEU *es queda sol i en silenci uns quants segons. Descansa i desapareix. De sobte apareix la* VIRGÍNIA.

VIRGÍNIA: Volia dir-te que...
(No hi troba ningú.)
Però si aquest és el lloc que tant he somiat, segur. Sí que era ell.

Apareix en MATEU. *Ells dos no es miren.*

MATEU: Sento la remor dels motors d'un avió que està a punt de marxar.

VIRGÍNIA: Potser és que ja no t'he de buscar més, que això és el final.
(Ella s'agenolla i grata la terra. Troba una granada de mà. L'agafa. L'observa detingudament.)
No pot ser veritat!
(Després d'una pausa, activa el dispositiu.)
I ja està; funciona:
Deu... Nou... Vuit... Set... Sis...
Què faig, ara?

MATEU: Cinc... Quatre... Tres...
VIRGÍNIA: Com es para això? Com es para?
MATEU: No es para, ara ja no hi ha res a fer!
VIRGÍNIA: Per què no fuges corrents?
MATEU: Ja no hi hauria prou temps.
VIRGÍNIA: I si la llenço lluny?
MATEU: No!

La VIRGÍNIA llença la granada de mà cap al cel.

MATEU: Un. Esclatarà als nostres caps. *(...)*
VIRGÍNIA: Per què rius?
MATEU: I tu?
VIRGÍNIA: Com et dius?
MATEU: Virgínia, i tu?
VIRGÍNIA: No ho sé.
MATEU: Pensa-hi.
VIRGÍNIA: No ho sé.
MATEU: Mira'm als ulls.
VIRGÍNIA: Mateu.
MATEU: Estàs preparada?
VIRGÍNIA: M'agradaria quedar-me molt més temps amb tu.
Sentir-te aquí dintre meu.
Pintar-te tot nu, això també ho he somiat.
Tenim tan poc temps...
MATEU: Estàs preparada?
VIRGÍNIA: Tot és invisible, tot està immòbil al cel;
només, l'aigua limitada, només la mar tranquil·la, sola.
Cap home, cap animal i cap arbre. Cap edifici. Res no existeix. Només la nit.
Per què em fas repetir aquestes paraules?

Mateu: Ja ho has trobat
Porta'm amb tu.
Virgínia: Mira, però si no ha explotat...!
Mateu: Zero!

S'acaricien. Riuen feliços. Llum taronja. Silenci.

El mètode Grönholm

Aquesta obra va ser entregada a l'editorial unes quantes setmanes abans de començar el procés d'assajos. És probable, per tant, que la versió final del text per a l'estrena presenti alguna diferència respecte del text publicat, sempre a criteri de l'autor.

Personatges

Ferran
Enric
Carles
Mercè

Sala de reunions d'una empresa. Mobiliari de qualitat. Parquet. Parets folrades de fusta. Una taula de juntes amb vuit cadires. Sobre la taula, ampolles d'aigua i quatre gots. Un tapís mironià a la paret.
Al fons, una porta doble. A un lateral, una porta més petita. Un gran finestral deixa entrar la darrera llum d'un capvespre. A través del finestral, el cel. Intuïm que la sala es troba en un pis d'alçada.
En una de les cadires hi seu FERRAN AUGÉ, *un home d'uns trenta-vuit anys. Atractiu. Vestit elegant i modern. Davant seu, sobre la taula, un maletí d'executiu.*
Després d'uns segons, FERRAN *mira el rellotge, treu del maletí un diari d'informació econòmica i comença a fullejar-lo.*
Sona un mòbil. FERRAN *se'l treu de la butxaca i el connecta.*

FERRAN *(al mòbil)*: Sí?... Hola, nano... Ja hi sóc. Estic esperant... *(Per la porta doble, entra* ENRIC FONT. FERRAN *sembla que no el veu.)* Hòstia, aquesta nit a sopar?... I per què quedes sense dir-me res? No, no vindré. No ho sé, tu mateix... Passo de llepar el cul a aquests tios per quatre duros. Si avui em va bé això, se'n poden anar a prendre pel cul... Si no em va bé, em suïcido... Que no, que no vindré.

FERRAN *veu* ENRIC.

FERRAN *(al mòbil)*: T'he de deixar.

FERRAN *guarda el mòbil.* ENRIC *és un home grassonet, que supera la quarantena. També du vestit, però no tan modern com*

Ferran. Maletí d'executiu a la mà, un maletí més usat que el de Ferran.

Enric: Bona tarda.
Ferran: Bona tarda.
Enric: M'han dit que l'entrevista és aquí...
Ferran: Sí, a mi també.
Enric: Vostè és de l'empresa...?
Ferran: No, no. Sóc un candidat al...
Enric: Ah, jo també.
Ferran: Encantat.
Enric: Igualment.

Encaixen. Enric deixa el seu maletí a la taula. Hi ha uns segons de silenci.

Enric: T'han explicat alguna cosa?
Ferran: No. Res.
Enric: Curiós, tot plegat, no?
Ferran: Sí.
Enric: Tècniques no convencionals.
Ferran: Això sembla.
Enric: Quan m'ho van proposar... No sé. No és... habitual. Què serem?, nosaltres dos?
Ferran: No ho sé. Hi ha quatre gots.
Enric: Potser són per als que ens han d'entrevistar.
Ferran: Potser.
Enric: Això de l'entrevista conjunta és una mica... Com a mínim, original. I més per a una feina d'aquest nivell. Normalment, és tot més confidencial.
Ferran: A mi, això...

Enric: No, a mi també, però, vaja... Tu i jo no ens coneixem. Però seria fàcil que ens trobéssim algú conegut.

Ferran: I què?

Enric: Home, seria una mica violent.

Enric seu. Uns instants de silenci.

Enric: Has vingut amb cotxe?

Ferran: Sí.

Enric: Jo també. Quin trànsit, no?

Ferran: Com cada dia.

Enric: Jo ja he fet tres entrevistes. No sé què més volen saber de mi. I tu, quantes n'has fet?

Ferran: Tres.

Enric: Com jo. *(Enric treu una capseta de caramels.)* Un mentolín?

Ferran: No, gràcies.

Enric: Jo no tenia gaires esperances d'arribar fins aquí. Vinc d'una empresa petita, i això és... Bé, en tot això dels mobles i el bricolatge, és la segona del món.

Ferran: Una empresa és una empresa.

Enric: Sí, però jo no he treballat mai en una multinacional. I tu?

Ferran: Jo he treballat a molts llocs.

Enric: I les condicions són increïbles. El sou és... Bé, no sé què deus guanyar tu, però jo gairebé doblaria... Tenia por de fer tard. Era a la Diagonal, parat, i pensava, ara faràs tard i quedaràs fatal. Aquestes coses són importants. De vegades són els petits detalls els que fan prendre una decisió. Jo he hagut de contractar gent i, al final, el que em fa decidir són els petits detalls. La manera de vestir, com m'han donat la mà... I el cotxe. Sempre que puc els acompanyo fins al seu cotxe. Un cotxe diu molt del seu propietari. A vegades et trobes un paio que sembla molt polit i té el cotxe fet una merda.

Ferran: Tranquil. No has arribat tard.

Per la porta doble entren Mercè Degàs i Carles Bueno. Trenta i pocs. Mercè du un elegant vestit jaqueta. Carles, més informal, pantalons i americana sport, sense corbata. Arracada a una orella.

Carles *(a Mercè)*: Passa, passa.

Mercè: No, passa tu.

Carles: Sisplau.

Mercè *(somrient)*: Per què? Perquè sóc una dona?

Carles: Sí, perquè ets una dona.

Mercè: D'acord, passo. Però no perquè sigui una dona. *(Als altres.)* Bona tarda.

Ferran i Enric: Bona tarda.

Carles: Bona tarda. *(Presentant-se.)* Carles Bueno.

Carles ofereix la mà a Ferran.

Ferran: Ferran Augé.

Tots van encaixant alhora que es presenten.

Mercè: Mercè Degàs.

Enric: Enric Font.

Tots es donen la mà amb tots.

Carles: Són vostès qui ens han de fer l'entrevista?

Enric: No, no, som... entrevistats, també.
Carles: Tots dos? Nosaltres també.
Mercè: I qui ens entrevista?
Enric: No ho sabem, encara.

Mercè i Carles deixen les coses.

Mercè: Tres homes i una dona. Com sempre.
Carles: El vint-i-cinc per cent. Políticament correcte.
Mercè: Sempre tan graciós, ell.
Enric: Us coneixeu?
Carles: Vam estudiar junts.
Mercè: Bé, jo vaig estudiar una mica més que ell.
Carles: La matrícules, li dèiem. Ho tenim pelut amb aquesta.
Enric: Ja t'ho he dit abans. Era lògic que algú es conegués.
Carles: I què hem de fer, ara?
Ferran: Esperar, suposo.
Mercè: Ens faran l'entrevista a tots quatre junts?
Carles: Això em van dir a mi. Una entrevista conjunta amb tots els candidats.

Pausa.

Enric: Heu vingut amb cotxe?
Carles: Jo sí.
Enric: Quin trànsit, no?
Carles: Horrorós.
Enric: Sort que tenen pàrquing, perquè si no...
Carles: Sí, aquí, per aparcar, és impossible.
Enric: També heu fet tres entrevistes, vosaltres?
Carles: Jo sí.
Mercè: Jo també.

Enric: I aquesta és la quarta. He passat algunes vegades per això, i mai m'havien fet quatre entrevistes. No sé què més volen saber de mi...

En una de les parets laterals s'obre una porteta. S'obre de dalt cap a baix i s'atura a quaranta-cinc graus. És com una bústia que, fins ara, havia quedat dissimulada en la paret. Mercè *és qui s'hi troba més a la vora.*

Mercè: Ei. S'ha obert això.

Un moment de silenci.

Carles: Doncs mira a veure què hi ha.

Mercè ho mira.

Mercè: Un sobre i un cronòmetre.
Ferran: Un cronòmetre?
Mercè: Digital.
Carles: Hi posa res, al sobre?
Mercè: No. L'obro?
Ferran: I a mi què m'expliques? No ho sé.

Mercè obre el sobre.

Mercè *(llegint)*: «Bon dia i benvinguts. Com ja els vam avançar, aquesta és la darrera fase del procés de selecció per accedir al càrrec de director comercial de Dekia. Vostès són els últims aspirants. Sabem que aquesta no és una prova habitual. Seguim el protocol establert per la nostra central a Suècia. Si en algun moment consideren que alguna de les propostes que els farem no és acceptable per a vostès poden abandonar el procés. La porta és oberta. Si surten d'aquesta sala, però, sigui pel motiu que sigui, entendrem que renuncien a continuar aspirant al càrrec. La primera prova és la següent. Els hem dit que són els últims aspirants, però no són els últims quatre aspirants. Només hi ha tres autèntics aspirants. Un de vostès és un membre del nostre departament de selecció de personal. Juntament amb el sobre han trobat un cronòmetre. Tenen deu minuts per esbrinar qui de vostès no és un autèntic candidat. Sisplau, posin en funcionament el cronòmetre. És el botó de la dreta.» I ja està.

Carles: Collons.

Enric: A veure, un moment... O sigui, un de nosaltres no és...

Carles: Està ben clar.

Mercè: I hem d'esbrinar qui és.

Ferran: Pensava que això seria una entrevista.

Mercè: Jo he de fer alguna cosa amb el rellotge.

Enric: Hi ha un candidat que no és candidat. I hem de descobrir qui és.

Carles: Això ja ho hem entès.

Enric: Que bo.

Ferran: Bo?

Enric: La prova. Descobrir qui menteix. És bona, perquè, és clar, quan hem entrat, tots pensàvem que érem iguals, que érem candidats, i ara resulta que no.

Mercè: Què, l'engego?

Mercè prem el botó del cronòmetre.

Mercè: Deu minuts.

Enric: A veure. Situem-nos. Un de nosaltres no és... real.

Pausa. Tots quatre es miren.

MERCÈ: O sigui, que l'entrevistador és un de vosaltres.
FERRAN: Potser ets tu.
MERCÈ: Jo? No, jo no ho sóc.
FERRAN: Hi ha algú que està fingint. Podem ser qualsevol.
ENRIC: Tenim deu minuts. No és gaire temps. Crec que és més ràpid descartar que no pas intentar descobrir directament qui és l'impostor.

FERRAN *(irònic)*: L'impostor.
ENRIC: Hi ha una cosa que, d'entrada, és clara. Vosaltres dos us coneixeu.

MERCÈ i CARLES es miren.

CARLES: Però feia temps que no ens vèiem.
ENRIC: Però si un de vosaltres és el candidat fals, ho podreu esbrinar més fàcil. Sabeu coses l'un de l'altre. Només tenim deu minuts. Us interessa descartar ràpid, així teniu una persona menys de qui preocupar-vos. Què dieu?
MERCÈ: Un moment. Deixa'm pensar.
CARLES: Les coses que jo sé de la Mercè són de fa temps, tampoc és...
MERCÈ: Espera, Carles. Abans de dir res, pensa.
CARLES: Què vols que pensi?
MERCÈ: Només som quatre.
CARLES: Sí, i què?
MERCÈ: Res. Pensa en el que ens han demanat. Es tracta de veure qui és capaç de descobrir-ho i qui no n'és capaç.
CARLES: Ah, ja.

Carles es mira Ferran i Enric.

Ferran: No ens diran res.

Enric: Per què?

Ferran: Perquè si saben alguna cosa, la saben, i el que no faran és dir-nos-la a nosaltres, perquè ens donarien un avantatge que no tenen cap necessitat de donar-nos. És el que jo faria.

Enric: No ho entenc.

Ferran: Cony, que estem competint entre nosaltres. No et donaran cap informació que no els interessi donar. No, en realitat, la cosa té el seu què. No es tracta només d'esbrinar qui està fingint, sinó també de fer que els altres s'equivoquin, perquè si tots tres endevinem qui és el fals ja em diràs tu de què serveix la prova. Tothom guanya, i llavors què?

Enric: El paper deia que havíem d'esbrinar qui era el fals. No deia que haguéssim de competir entre nosaltres.

Ferran: Home, això ja està clar. No cal dir-ho. Som tres i només hi ha un lloc. Estem competint.

Mercè: No, ell té raó. Ben pensat, el que hem de fer és col·laborar.

Carles: Col·laborar?

Mercè: Sí, fes-me cas. Jo no havia vist el Carles des de l'últim sopar d'Esade... Fa dos o tres anys.

Carles: Dos.

Mercè: I llavors treballava en un laboratori farmacèutic.

Carles: I encara hi treballo.

Mercè: És veritat. Vaig trobar un company fa poc i m'ho va dir. Per tant, ell no pot ser.

Carles: I tu, Mercè, estaves en una empresa de *consulting*. Però no recordo quina era...

Mercè: ICR.

Carles: Encara hi ets?
Mercè: No, ara estic en un banc. I no us diré quin, si no us fa res.

Uns segons de silenci. Ferran i Enric valoren les paraules de Mercè i Carles.

Ferran: Ho veus?
Enric: Què?
Ferran: Que això no ens serveix de res. Poden estar mentint tots dos. Si un d'ells és el fals, ha mentit, i l'altre, si ho sap, no ens dirà que menteix, perquè ja sap que ell és el fals i no té cap necessitat de revelar-ho.
Enric: Hòstia, que difícil.
Ferran: Ells ja han explicat la seva situació laboral, ens els podem creure o no. Expliquem nosaltres la nostra i estarem tots quatre igual.
Mercè: Em sembla que t'equivoques. Aquesta prova no és per descobrir qui és el més espavilat, sinó per a avaluar la nostra capacitat de treballar en equip. Fem-nos confiança. Treballem junts per descobrir qui és el fals.
Ferran: Molt maco. Però com que el fals no dirà que és fals, no podem treballar junts. No podem fer-nos confiança.
Carles: A mi em sembla bé el que has dit... tu.
Ferran: Ferran.
Carles: Això, Ferran. Expliqueu d'on veniu vosaltres dos.
Enric: Jo sóc director comercial d'una empresa d'alimentació.
Ferran: De quina?
Enric: Ella no ha dit en quin banc treballa.
Ferran: Fantàstic. Doncs jo també sóc director comercial. D'un laboratori. I per això m'estranya no coneixe't *(per Carles)*. Jo treballo a Disfarma, no tinc cap problema a dir-ho. A quin laboratori treballes, tu?

Carles: Doncs jo tampoc no ho vull dir. I ara que sé que tu treballes en el mateix sector, encara menys.

Mercè: Jo sé on treballa. I diu la veritat.

Ferran: I com puc saber que tu dius la veritat?

Mercè: Per què hauria de mentir?

Ferran: Ho acabo de dir, perquè si tu saps que ell treballa aquí, mantindràs la seva història del laboratori, perquè no t'interessa donar-nos peixet.

Mercè: Si no vols, no em creguis, però hem d'actuar en equip. L'important és que entre els tres autèntics col·laborem per trobar... l'impostor, com diu ell. Mentir aniria en contra meva.

Ferran: Doncs digues en quin banc treballes, no ens ho amaguis. Mentir va en contra teva, no?

Mercè valora el que ha de fer.

Carles: Jo treballo a Rawental. Abans no ho he dit perquè... Perquè no. Però crec que és millor que ens anem descartant, com diu ell.

Ferran: A Rawental? Des de quan?

Carles: Cinc anys.

Ferran: Coneixes el Fèlix Garrido?

Carles: Nnnno, qui és?

Ferran: I la Laura... Laura Sánchez?

Carles: Conec una Laura Vázquez.

Ferran: Sí, tens raó. Es diu Laura Vázquez.

Carles: Qui és el Fèlix Garrido?

Ferran: El meu cosí. Capità de la marina mercant. Quant portem?

Mercè mira el cronòmetre.

atre, gairebé.

Doncs anem descartant. Per mi, el... Carles és bo.

í, però tu pots estar fent el que has dit abans que faria en. Potser saps que menteix i li segueixes el corrent perquè nosaltres ens equivoquem.

Ferran: Si jo li segueixo el corrent, ella també.

Carles: Jo no menteixo i ningú no em segueix cap corrent, però tu... Mira, ho sento, però jo conec el director comercial de Disfarma, i no t'hi assembles gens.

Ferran: I qui és el director comercial?

Carles: Digue-m'ho tu.

Ferran: Víctor Dunsberg.

Carles: Però tu has dit que eres...

Ferran: Director comercial, però de la delegació de Girona.

Carles: No el conec, el de Girona.

Ferran: Ja no ho pots dir.

Enric: I ara podeu estar mentint tots dos.

Ferran: I ella també?

Enric: Si ella ha mentit, tu també mentiràs.

Ferran: Si ella ha mentit, és el seu problema. Per què he de mentir jo, si menteix ella?

Enric: Perquè t'afegeixes a la seva mentida, per enganyar-me a mi.

Mercè: Jo no he dit cap mentida. Ningú es pot afegir a una mentida que no he dit.

Enric: Potser no, potser no has dit cap mentida, però si ell *(el Ferran)* s'ha adonat que ell *(el Carles)* menteix, creurà que tu també has mentit i s'afegirà a la teva mentida encara que no sigui mentida.

Ferran: Xaval, t'estàs embolicant.

Enric: No, senyor. Si ell *(el Carles)* no és el que ha dit que és, i vosaltres sabeu que menteix, em mentireu a mi per mantenir la mentida.

Ferran: No pensis tant, que ja es veu que no hi estàs gaire acostumat.

Enric: Estic intentant aclarir-me.

Ferran: Ja t'ho aclareixo jo. Si jo mentís, si jo fos l'impostor ja sabria que ell treballa en un laboratori, perquè hem fet unes quantes entrevistes per arribar fins aquí. Hem donat el nostre currículum. Si jo fos de l'empresa ho sabria tot d'ell i m'hauria buscat una història diferent, no que treballo en un laboratori, perquè ell podria descobrir que menteixo a la primera de canvi.

Els altres tres se'l miren.

Enric: M'ho pots repetir?

Ferran: Que el Carles em pregunti el que vulgui sobre la feina.

Carles: No, no cal perdre el temps. Jo me'l crec. Heu de ser un de vosaltres dos. Tu, Mercè, això del banc, m'escamna. Algú m'ho hauria comentat.

Mercè: És possible, però, per la mateixa raó, si treballés aquí, també t'ho hauria comentat algú.

Carles: També tens raó.

Mercè: Però ja que estem sincers... Treballo al Banc del Mediterrani i sóc cap de la secció de màrqueting.

Carles: Des de quan?

Mercè: Mig any.

Carles: Mig any. I ja vols canviar?

Mercè: Sí, què passa?

Carles: No, res.

Ferran *(per l'Enric)*: Faltes tu.

Enric: Ja ho tinc. Ja ho tinc... Estem fent el... Ens estan prenent el pèl.

Ferran: Ells dos?

Enric: No. Nosaltres ens hem cregut que hi ha un candidat fals perquè ens ho han dit, però el que em sembla és que tots quatre som candidats reals i que no hi ha cap impostor.

Carles: Llavors per a què serveix aquesta comèdia.

Enric: Doncs per això, per veure si som capaços d'adonar-nos que ens estan enganyant. Als Estats Units, aquest tipus de proves als processos de selecció són habituals. Et posen problemes, enigmes, per veure si ets capaç de visualitzar situacions des d'una òptica nova. Aquí, del que es tracta és que tots creguem que el problema és que hi ha un candidat fals, que algú dels que estem aquí està enganyant els altres quan, en realitat, els que ens han enganyat, d'entrada, són ells.

Carles: No. I per una raó molt senzilla. No té cap sentit que nosaltres estiguem aquí intentant demostrar la nostra perspicàcia, si no hi ha ningú que ho valori.

Enric: Com que no hi ha ningú? Ens estan valorant des de fora. Segur que hi ha micròfons i ens estan sentint. O càmeres, fins i tot.

Carles: Càmeres?

Enric: Es deixa els candidats en una situació en què creuen que estan sols i s'observa com actuen.

Carles: I on són les càmeres?

Enric: No ho sé. Poden estar amagades a qualsevol lloc. A les làmpares... Jo què sé. Hi ha mil maneres.

Tots quatre fan una mirada a la sala.

Carles: Voleu dir...?

Ferran: Mira, el que dius sona tan bé que no m'ho crec. Tu ets el candidat fals. Ets l'únic que no ens has dit on treballes. I aquest coneixement tan complet sobre aquest tipus de proves em demostra que formes part de l'equip de selecció.

Mercè: Sí, jo estic amb tu. A més, ha tret aquest raonament quan ja estava acorralat. Quan ha vist que nosaltres tres ja estàvem fora i ell tenia tots els números, surt amb la història aquesta que ens estan enganyant.

Carles: No ho sé. A mi, el que ha dit em quadra. Que s'expliqui una mica més.

Ferran: Primer que ens digui quina és aquesta empresa d'alimentació on treballa.

Enric: No us ho diré.

Carles: Per què?

Enric: Perquè no vull. No ho trobo necessari.

Carles *(a Mercè)*: Temps?

Mercè: Ens queden dos minuts i... mig.

Carles: No ens ho vol dir perquè està convençut que té raó, i com abans deia el Ferran de nosaltres dos, no dirà res més que ens pugui ajudar. Si ens digués on treballa i fos creïble, tots ens apuntaríem a la seva solució, i vol guanyar ell sol. Per tant, jo crec que l'ha encertat. Tots quatre som bons.

Ferran: Mira, no. A més, quan ha entrat, abans que arribéssiu vosaltres, estava molt preocupat per sorprendre's del sistema de selecció. Sistemes no convencionals, m'ha dit. I després s'ha començat a enrotllar sobre com havia triat ell els seus empleats... M'ha estranyat la seva actitud des del principi.

Enric: Quina actitud?

Ferran: Has dit no sé què que aquest sistema era estrany, de la confidencialitat... com si t'hi posessis en contra. Si fossis un candidat autèntic faries com nosaltres: una entrevista conjunta, cap problema. M'enteneu què vull dir? No és normal.

Enric: El que no és normal és el que dius tu.

Ferran: Ets tu, company. Ara ho tinc claríssim.

Enric: Podria donar-vos un munt de raons per convèncer-vos que tinc raó, però no ho faré. Si us voleu equivocar, vosaltres mateixos.

Ferran: Ens podria donar un munt de raons, però no ens les dóna.

Enric: Perquè no vull. I encara he estat massa bo. Hauria d'haver esperat que passessin els deu minuts, que la caguéssiu, i després donar la solució.

Ferran: No deies que havíem de col·laborar?

Mercè: Ens queda... res. Hem de decidir-nos.

Carles: Jo estic amb ell. Tots quatre som autèntics.

Enric: Jo, ja ho sabeu.

Ferran: Jo dic que és ell.

Enric: Enric Font, per servir-lo.

Ferran: No crec ni que et diguis així. Faltes tu.

Mercè: Jo no ho sé. No n'estic segura.

Carles: No dubtis tant. No queda bé. Ens estan observant.

Mercè: Vinga, jo també dic que és l'Enric.

Pausa.

Ferran: I ara, què?

S'obre la porteta.

Carles: Ara ho sabrem. Mercè, si vols fer els honors. I no perquè siguis una dona.

Mercè va a buscar el que hi ha dins de la bùstia. En treu un sobre i un cendrer.

Mercè: Enric Font. Al sobre hi ha el teu nom.

ENRIC va a buscar el sobre i l'obre. El llegeix sense dir res.

FERRAN: Llegeix en veu alta, home.
ENRIC: No, no puc.

ENRIC acaba de llegir i torna a posar el sobre a la bústia. La bústia es tanca.

MERCÈ: Què, qui tenia raó?
CARLES: Què hi posava?
ENRIC: Qui vulgui fumar, pot fumar.

MERCÈ posa el cendrer al mig de la taula. ENRIC seu. Es posa les mans al cap, pensatiu. Els altres se'l miren.

FERRAN: Qui ha guanyat?
ENRIC: No ho deia.
MERCÈ: No hi deia res?
ENRIC: D'això, no.
CARLES: En conseqüència, ell i jo teníem raó. Tots som bons. Em sembla que vosaltres dos aneu perdent. Què hem de fer, ara?

ENRIC encara té les mans al cap. Sembla molt amoïnat.

ENRIC: No ho sé.
CARLES: Què hi posava al paper?
ENRIC: Em demanen... No sé què he de fer...
MERCÈ: No ho saps? No ho has entès?
ENRIC: Sí, sí que ho he entès.
CARLES: I què?
ENRIC: Vinga, intentaré... Intentaré explicar-ho bé. (*Una petita*

pausa.) Jo crec que en una empresa el més important és obtenir resultats i que això està per sobre de qualsevol altra consideració.

Carles: I?

Enric: Però també crec que a les grans empreses, a les bones empreses, també s'ha de vetllar per aconseguir una dimensió humana, per aconseguir que els empleats se sentin orgullosos de treballar-hi. Això és el que crec.

Uns segons de silenci.

Ferran: Hi estic completament d'acord. I, a més, quan una empresa sap tenir en compte el benestar dels empleats això es reflecteix en uns millors resultats.

Enric: Deixa'm acabar, sisplau.

Ferran: Pensava que ja estaves i que havíem de comentar.

Enric: No. A veure... Potser no he començat bé. No, sí que he començat bé. Això havia de quedar clar abans que... El que us vaig a explicar... La veritat és que no sé... Bé, és igual. L'any passat em vaig separar de la meva dona. No m'ho esperava. No m'ho esperava gens. I vaig entrar en una depressió.

Carles: Què dius?

Mercè: Deixa'l.

Enric: La meva dona va adonar-se... Bé, el motiu és igual. Jo tinc dos fills petits i ella se'ls va endur. La separació va ser difícil. Com totes, suposo. Però va arribar un punt que vaig petar. No dic que no sàpiga suportar la pressió, però van passar tot de coses que no m'esperava. Em vaig sentir com... culpable. Era una sensació... Tenia la sensació que espatllava tot el que tocava. Perquè jo... La meva dona i jo érem feliços. Sincerament. Ja sé que tothom diu el mateix, però en el nostre cas és veritat. Ho érem. Ella mateixa m'ho ha reconegut. El cas és que, de cop i volta, em vaig trobar sol en un pis de lloguer, sense... Jo tinc pocs amics. No podia parlar amb ningú i em vaig anar tancant.

Ferran: Perdona, però abans que continuïs aquesta bonica història, ens podries dir a què ve aquest psicodrama?, per situar-nos, més que res.

Enric: De seguida ho sabràs. Abans us vull explicar una altra cosa. Coneixeu el món dels xats? Internet i això... Bé, vaig començar a ficar-m'hi. Per parlar amb algú. Un dia vaig quedar amb una noia. Del xat, vull dir. Ens vam veure un dia, a fer un cafè i molt bé... Era... Era molt maca. Vam parlar. Jo, feia temps que no podia parlar amb ningú. Vam tornar a quedar un altre dia i la vaig portar a casa. Jo estava... Tenia ganes de... No és que tingués ganes de... El que vull dir és que estava fet pols. Quan vam ser al pis, va treure una pistola i em va amenaçar.

Mercè: Una pistola?

Enric: Sí, i llavors va venir un home. Em van robar tot el que tenia a casa.

Carles: Ens prens el pèl, oi?

Ferran: Fa estona.

Enric: Després em van portar a un parell de caixers i van treure tot el que van poder de les targetes. És el primer cop que ho explico, perquè vull que entengueu que jo crec que va ser això el que em va acabar de rematar. A partir d'aquí vaig perdre el control.

Ferran: Vas perdre el control, de què? De què cony parla?

Carles: I jo què sé?

Enric: Em vaig començar a trobar malament. El metge em volia donar la baixa, però jo no vaig voler agafar-la. Estàvem a punt d'obrir una fàbrica a l'estranger i jo portava dos anys treballant en l'obertura del nou mercat a... a aquest país estranger. El cas és que potser hauria d'haver fet cas del metge perquè el meu rendiment va baixar, ho reconec, vaig prendre decisions... havia de prendre moltes decisions, havia d'invertir el pressupost que tenia, tothom tenia pressa i la direcció confiava en mi... Em vaig equivocar. Vaig associar-me amb una empresa local i... bé, la cosa no va anar tan bé com estava previst. Jo creia que si em centrava en la feina, això m'ajudaria a superar els meus problemes personals, però no. Va anar pitjor. Total, que ara sembla bastant difícil redreçar la situació i l'empresa està pensant en... Jo, fins ara, en altres projectes he aconseguit molt bons resultats i la meva vàlua professional està fora de dubte, almenys això és el que diuen ells, però les coses han anat com han anat i és natural que, davant d'aquesta situació, els meus caps hagin de prendre una decisió sobre mi, sobre el meu futur. I ara arribo al que us interessa. El que m'han demanat és que sigueu vosaltres qui prengueu aquesta decisió, que penseu com si fóssiu la meva empresa. Heu de decidir si continuo en el projecte de l'estranger, si m'assigneu una nova línia de treball o si, senzillament, prescindiu de mi, em despatxeu.

Carles: Nosaltres?

Enric: Sí.

Mercè: Això és el que t'han demanat?

Enric: Sí.

Carles: Però, és un cas teòric o real?

Enric: Quina diferència hi ha?

Ferran: És que jo, company, encara no tinc clar si tu ets un candidat a la feina o ets d'aquí o què cony ets.

Mercè: Molt bé. D'acord. Juguem. Però amb el que has explicat no tenim prou elements per a decidir res.

Enric: Pregunteu.

Ferran: No entenc res. Aquest sistema de selecció és la polla. Amb perdó.

Carles: Començo. Per què et va deixar la teva dona?

Enric: No contestaré a això.

Carles: No has dit que preguntem?

Enric: Sí, però contestaré allò que vulgui.

Carles: Si comencem així, malament.

Enric: El motiu pel qual em va deixar no és rellevant.

Carles: A veure... Som nosaltres els qui hem de prendre la decisió, no? Per tant som nosaltres qui hem de determinar el que és rellevant i el que no ho és.

Enric: Ja us he explicat prou misèries de la meva vida.

Ferran: En això tens raó. La història aquesta de la nena del xat fa pena, maco.

Mercè: Posem-nos en el paper. Jutgem el cas des d'un punt de vista professional.

Carles: Això és el que jo intento, i per això pregunto el que pregunto. Com a directiu de la teva empresa, que és el que sóc ara, em sembla que t'he de parlar amb claredat. Si no vols contestar, no contestis, no t'hi puc obligar, però si t'interessa conservar la feina t'aconsello que siguis mínimament sincer, perquè si no col·labores te'n vas al carrer de pet i m'importa una merda la indemnització que t'hagi de donar. T'ha quedat clar?

Ferran: Vinga, juguem. Però de fet, ell té raó. No veig què en traurem de saber per què el va deixar la dona. Potser se'n va anar amb un altre o estava tipa de viure amb un paio tan insípid o es va lligar un negre... o el que sigui. Ja em diràs tu de què ens servirà saber-ho.

Carles: A mi sí que em servirà. Vull conèixer les causes de la seva situació personal, perquè aquests conflictes, segons com evolucionin, tenen una translació directa al rendiment laboral.

Ferran: Que bé que parles. Es nota que has estudiat a la privada.

Enric: La meva dona va descobrir que havia tingut una... aventura.

Ferran: Tu?

Enric: Sí.

Ferran: Ara sí que no em crec res.

Mercè: És igual, si és veritat o no. Hem de treballar amb els elements que ell ens doni.

Carles: Amb qui vas tenir aquesta aventura?

Enric: Amb una comercial de l'empresa.

Ferran: Per mi no cal que en parlem més. El fotem al carrer i a prendre pel sac.

Mercè: No és tan fàcil. Ell és bo. Fins fa poc sempre ha treballat bé. És això, no?

Enric: Jo crec que sí.

Mercè: Si el fem fora, potser ens costarà Déu i ajuda trobar una persona amb el seu perfil. No ens hem de precipitar.

Ferran *(irònic)*: Com vostè vulgui. No ens precipitem.

Carles: I l'aventura aquesta amb la comercial, què, s'ha acabat o encara dura?

Enric: Es va acabar fa mesos.

Carles: Molt bé. Millor. I la separació de la teva dona, la tens superada o no la tens superada?

Enric: No ho sé. Penso molt en ella, encara.

Ferran: Pensa molt en ella... Escolteu, a mi em sap molt de greu que l'amic s'hagi separat, però, sincerament, pel cas que ens ocupa, tant se me'n fot. Es va embolicar amb una nena de l'empresa, la dona ho va saber i el va plantar. Què hi farem. És la vida. Li va agafar una depressió i va començar a fer l'idiota i a passar de la feina. Ho lamento. Per mi, el motiu pel qual ell passa de la feina me'l passo jo pel forro. El que compta és que aquest pobre s'ha quedat penjat i no ens quedarem aquí perdent calés esperant que baixi de l'arbre. Finiquito i a una altra cosa.

Mercè: I si li donem unes vacances?

Ferran: Vacances? Ara que estem obrint mercat a... no sé on? Aquest pamplines l'ha cagat fins al fons. Va fotre banyes a la dona i ella el va enganxar. Això ja vol dir que no és gaire hàbil. Ens ha desgraciat una inversió de collons i a sobre li vols donar vacances. Què som nosaltres, Càritas Diocesana?

Mercè: Accepto que el millor, ara per ara, és que la seva feina la faci un altre, però un cop hagi sortit de la depressió, el podem repescar. És un executiu valuós. Ens ha fet guanyar diners, abans. Crec que mereix una oportunitat.

Ferran: Per a mi, ni oportunitats ni punyetes. O funciones o no funciones. La vida és així.

Mercè: Tots passem mals moments, si ens haguessin de fotre a fora cada cop que tenim una crisi personal, només treballarien les màquines.

Ferran: Parla per tu. Jo no he passat cap crisi d'aquestes. I si tinc un mal dia, a la feina ni es nota. Quan arribes al despatx has de fer com els pallassos de circ, pintar-te la cara que toqui, de simpàtic o de fill de puta, i tirar milles. Qui no sap fer això, no serveix.

Mercè: Portes un equip de treball, tu?

Ferran: Sí, és clar.

Mercè: Et deuen estimar molt.

Ferran: Se me'n fot. Que estimin les seves dones, els seus fills i les seves amants. A mi, mentre compleixin els objectius, si volen, que em facin vudú a les nits.

Carles: Escoltem-lo a ell. A veure... Aquesta comercial, com era?

Enric: Com era?

Carles: Sí, què tenia, per què t'hi vas embolicar.

Enric: Home...

Ferran: Què tenia... Doncs un cul i dues mamelles, com totes les ties. Quina mena de preguntes són aquestes?

Carles: Són les meves preguntes.

Ferran: I per què no li preguntes quin desodorant feia servir la tia aquesta? També deu tenir una translació directa al rendiment laboral.

Carles: El que vull saber és si encara la tens al cap... Tu, com et veus? Estàs bé? Et sents recuperat?

Enric: Una mica.

Carles: En el nostre lloc, què faries.

Enric: No es tracta d'això.

Carles: Sí que es tracta d'això. Si fos jo qui hagués explicat aquesta història, quina decisió prendries?

Enric: Aquí cadascú té el seu paper. A mi no em toca això, ara.

Mercè: Però, almenys, lluita. Hem de decidir si et quedes o què, i tens una actitud de tant se me'n fot tot que... Sembla que tinguis ganes que et fem fora. Vols quedar-te a l'empresa, o no?

Enric: Sí.

Ferran: Quin entusiasme...

Carles: La Mercè té raó. Hauries... No sé... Digue'ns que ho estàs superant, que la teva vida personal no tornarà a interferir en la feina... Jo què sé. Defensa't.

Enric: A veure... Jo us he explicat la meva situació amb tota la sinceritat de què he estat capaç. Ja m'he defensat. A la meva manera.

Ferran: Doncs per mi la teva manera és una merda de manera. Saps què m'agradaria? Que això no fos un joc, que et pogués fotre fora de debò, per poca-pena. T'asseguro que em quedaria ben a gust... Un moment. Espereu... Quan hem arribat, m'ha dit que ell no havia treballat mai en una multinacional i ara ens deixa anar una història que l'empresa on treballa estava obrint un nou mercat a l'estranger. Total, o menteix ara o mentia abans o totes dues vegades.

Enric: No he mentit. Mai no he treballat en una multinacional. La meva empresa és el primer cop que obre un mercat a l'estranger.

Ferran: Sí, home. Ara arregla-ho. Jo tenia raó des del principi. Ell és d'aquí, de l'empresa.

Enric: T'asseguro que no.

Ferran: No ho veieu? Però, vaja, no tinc cap problema a continuar el joc. Hem de decidir si després d'aquesta història tan exemplar que ens ha explicat, el despediríem. Doncs, jo sí. El despediria. I sense cap remordiment. Una cosa és la feina i l'altra els problemes que puguis tenir a casa. Si ho barreges, l'has cagada. I s'ha acabat.

Enric: Abans m'heu preguntat què faria jo en un cas com el meu. La veritat és que no ho sé, però un cop vaig haver de prendre una decisió semblant. La situació no era ben bé la mateixa, però era un bon comercial que estava passant una depressió. El vaig despatxar. Li vaig dir que quan ho hagués superat que em vingués a veure, però no va tornar. Li vaig trucar al cap d'un temps però s'havia canviat de casa. No n'he sabut mai més res.

Ferran: Per què volies que tornés amb tu, per tornar a deprimir-se?

Carles: Escolta, si penses que és qui ens ha de triar, t'estàs passant una mica amb ell, no?

Ferran: No, home, no, a aquesta gent els va la marxa.

Enric: T'equivoques tant...

Mercè: Una pregunta. Tots aquests problemes que tenim en aquest nou mercat, et veus amb cor de poder-los arreglar?

Enric: Em sembla que sí. Hem de tallar les relacions amb els nostres socis, encara que ens costi calés i portar directament tot el projecte. Al principi tots pensàvem que treballar amb gent d'allà, que conegués el mercat, era el sistema ideal, però va ser un error. El nostre producte és bo. Els batuts de... El que vull dir és que no tenim gairebé competència. Cal enviar un grup de gent que treballi sobre el terreny, i jo estic disposat a traslladar-m'hi i a coordinar-ho el temps que faci falta.

Carles: I els teus fills?

Enric: Els trobaré a faltar. Però també penso que, personalment, m'anirà bé allunyar-me un temps d'aquí.

Mercè: Mira, a mi m'ha convençut. Que es quedi i continuï la feina.

Ferran: Que es quedi?

Mercè: Ell és qui coneix millor el projecte. A més, hi ha una altra cosa, de cara a la resta dels executius, donaríem una pèssima imatge si féssim fora algú per motius personals. Crec que és millor donar-li suport.

Carles: Vinga, jo també, que es quedi.

Ferran: I d'això en dieu prendre decisions de manera professional? No fotem.

Carles: I sempre podem enviar amb ell algú de confiança perquè hi col·labori.

Ferran: Massa risc. Massa complicacions per un paio que l'ha cagat.

Mercè: És bona idea. Enviem algú amb ell, que es familiaritzi amb el projecte, i si veiem que la cosa no rutlla, sempre som a temps de fer-lo tornar i ja hi tindrem algú preparat.

Carles: A ell li donem una sortida i ens cobrim les espatlles.

Ferran: És una despesa inútil... Jo... Jo el fotria fora, però sou dos contra un. Guanyeu. La democràcia és això, no?

Mercè: Decidit. No t'acomiadem.

Enric: Ho teniu clar?

Carles: Sí.

Enric clou els punys en senyal de victòria.

Enric: Ha estat més fàcil del que em pensava. Havia d'aconseguir que no em despatxéssiu. La prova era aquesta. Era per a mi.

Ferran: Serà cabró!

Carles: La història aquesta, això de la teva dona i la separació és veritat o no?

Enric: Sí.

Carles: És el que t'ha passat a l'empresa aquesta d'alimentació on treballes?

Enric: Sí.

Mercè: I ells què han fet, t'han fet fora?

Enric: M'han donat vacances. I jo les estic aprofitant.

Ferran: I això de la dona del xat, també t'ha passat de debò?

Enric: Sí i no. He carregat una mica. Era una dona que només volia calés, però no em va atracar ni res. Només ho he dit per... M'ha semblat que serviria per a estovar-vos una mica. Us ho dic de debò, estic al·lucinant amb el sistema de selecció que estem seguint. El trobo genial. Felicitats a qui s'hagin de donar.

Ferran *(baix)*: A més de cabró, pilota.

Enric: Què dius?

Ferran: Res, res.

Carles: Ara es tornarà a obrir la porteta, suposo.

Enric: En una empresa americana van fer una prova molt curiosa. Van reunir els aspirants en una sala, com ara nosaltres, esperant per passar una entrevista i, de cop i volta, van començar a sonar les alarmes d'incendi. Ells ho filmaven tot i analitzaven les reaccions de la gent.

Ferran: I què esperaven que fes, la gent? Doncs arrencar a córrer, com tothom.

Enric: De vegades només els deixen en una sala una bona estona i observen com interactua el grup. Ells diuen que les persones que tenen qualitats de lideratge les demostren en qualsevol situació, fins i tot en una situació on no passa res especial. Són els que inicien les converses, els que es presenten a la gent... Aquestes coses.

Ferran: Per això et feies tant el simpàtic quan has arribat. Estaves demostrant les teves capacitats de lideratge? Ho has fet molt bé. Deuen haver quedat impressionats pels teus comentaris sobre el trànsit. Jo, amb tot el respecte, crec que aquests sistemes... però bé, ja que hi som...

Enric: Ei, que t'estan escoltant.

Ferran: Millor. A veure, faré el que em demanin, però això no vol dir que m'agradi. Si són realment bons, valoraran la meva sinceritat. Funcionen així. Us ho dic jo, els psicòlegs aquests són... Els va la canya, i els que treballen per empreses, encara més. Tancats al seu despatxet sense res més per a fotre que ficar-se en les vides dels empleats. Remenant, sempre remenant. I si un té la desgràcia de tenir un mal dia... perquè el nen li ha suspès les matemàtiques, o perquè li han robat el cotxe, o perquè l'ha deixat la dona o pel que sigui, comencen a emprenyar-te, intentant ajudar-te, intentant que no caiguis en una depressió que podria afectar el teu rendiment laboral i continuen burxant i burxant fins que aconsegueixen que treguis tot el que portaves a dins i quan ho treus, els molt fills de puta t'ho posen davant dels nassos i veus que només ets una merda i llavors t'agafa la depressió de veritat i ells contents perquè ja intuïen que tu estaves a punt de caure en una depressió. És això el que fan, no?

Enric: I jo què sé? Què t'ha agafat amb mi?

Ferran: A mi, res.

Enric: Tu deus haver tingut alguna mala experiència amb psicòlegs.

Ferran: Algú n'ha tingut una de bona?

Carles: Estàs nerviós, perquè has perdut les dues proves.

Ferran: No sé qui ha perdut. Al final agafaran aquest i vosaltres dos us quedareu amb cara d'idiota.
Enric: A mi? No dius que sóc de l'empresa, jo?
Ferran: Mira, jo ja no dic res més.

La porteta s'obre.

Mercè: Ei.

Enric s'acosta a mirar.

Enric *(sense donar-hi crèdit)*: No us ho creureu.

En treu quatre barrets. Un barret de torero, un de pallasso, un barret de copa alta i una mitra de bisbe.

Enric *(treu un sobre de la bústia; el llegeix)*: «Posin-se un barret cadascú, després obrin el sobre.»
Ferran: Ens hem de posar aquests barrets?
Enric *(mostrant el sobre)*: A mi no em miris.
Ferran: Sisplau...
Carles: Però, per què?
Enric: Això és el que deu explicar el sobre, però primer ens els hem de posar.
Mercè: Qualsevol?
Enric: Això sembla.
Ferran: Surrealista. Ho trobo surrealista.
Enric: Bé... No ens ho pensem més.

Enric agafa el barret de copa alta i se'l posa. Mercè agafa el de pallasso. Carles, el de torero. A Ferran li queda el de bisbe. Sense gaire entusiasme, l'agafa i se'l posa. Es miren, cadascú amb el seu barret posat.

Ferran: Us demano un favor. Si algun dia ens trobem fora d'aquí, fem com si això no hagués passat mai.

Enric: Llegeixo. *(Enric obre el sobre i llegeix.)* Ah, molt bo. Jo ja he jugat a això.

Ferran: Va, sisplau.

Enric: «Vostès són els únics ocupants d'un avió en flames que està a punt d'estavellar-se. Un pallaso, un torero, un bisbe i un polític. Només tenen un paracaigudes. Han de defensar davant dels seus companys per què el seu personatge és el que mereix utilitzar el paracaigudes i salvar-se.» És molt bo. Jo hi vaig jugar en una convenció.

Carles: Sembla un d'aquells acudits d'un francès, un alemany i un espanyol...

Enric: A la convenció aquesta hi havia una noia que feia dinàmiques de grup i vam jugar a una cosa gairebé igual. Però nosaltres estàvem en un globus i els personatges no eren ben bé els mateixos. El que havíem de fer era decidir a veure qui saltava, perquè el globus estava perdent altura i no ens quedava llast per llençar, i un dels personatges havia de saltar, i discutíem a veure qui era el menys important. Va ser molt divertit. Jo era...

Ferran: Perdona que et talli. Hi ha una cosa en la mecànica que no entenc. Si nosaltres som els únics ocupants de l'avió, el que m'agradaria saber és qui estava pilotant. Suposo que era el pallasso, i per això estem a punt de fotre'ns-la.

Mercè *(no li ha fet gràcia)*: Ha, ha.

Enric: El que hem de fer és discutir qui mereix viure. Qui és més important per al món.

Carles: Doncs jo, de torero, ho tinc fatal.

Ferran: No vull tallar-vos el rotllo, però reflexionem un instant. Estem optant a un càrrec executiu en una de les empreses més grans del món. Mireu-vos, sisplau.

Enric: Què passa?

Ferran: No, res. No passa res. Deu ser problema meu. Continuem.

Carles: Què fem, parlem cada un i després discutim?

Enric: Sí, no?

Mercè: Em deixeu fer una proposta, abans? Entre nosaltres hi ha un bisbe. Un home de Déu. Un home que creu en l'altra vida i que, a més, valora la caritat i només pensa a fer el bé... Jo proposo que ell, voluntàriament, se sacrifiqui pels altres i renunciï a utilitzar el paracaigudes. Em sembla que seria una actitud molt cristiana.

Ferran: Tu, de què vas? Jo no em sacrifico per ningú.

Mercè: Era una broma.

Ferran: Una broma... Ah, és clar, ets pallasso...

Enric: Qui comença?

Carles: Fem-ho a sorts.

Mercè: Si voleu començo jo.

Enric: Vinga.

Mercè: No vull menysprear cap dels vostres oficis. El polític treballa per al poble, el bisbe es cuida de l'espiritualitat de la gent, el torero... Bé, el torero...

Carles: Sóc un artista.

Mercè: Bé... És igual. El que està clar és que jo, el pallasso, tinc una de les funcions més nobles i útils a la societat. Em dedico a fer riure la gent.

Ferran: Si és per això, el polític també...

Mercè: Penseu que quan arrenco un somriure d'un infant li estic proporcionant un moment de felicitat que només jo puc donar-li. Hi ha res més important que el somriure d'un infant?

Ferran: Entendridor.

Enric: No et dic que no. No et dic que això no sigui important, però abans del somriure ens hem de preocupar pel benestar d'aquest infant, perquè pugui tenir unes bones escoles on educar-se, uns bons hospitals per si està malalt. Ens hem de preocupar perquè pugui tenir un futur. Els nens han de poder somriure, és veritat, però per poder-ho fer han de viure en una societat que els protegeixi, que vetlli per la seva seguretat i per la dels seus pares...

Ferran: No t'enrotllis, que l'avió està caient.

Enric: Ja sé que el prestigi dels polítics és molt baix, avui dia, però sense nosaltres, sense mi, el pallaso no podria fer riure els nens, el torero no podria torejar i el bisbe... El bisbe tampoc tindria clients, perquè la gent només es preocupa de la salvació de les seves ànimes quan té la panxa plena. Per tot això, crec que sóc jo qui m'he de salvar. La meva funció és fonamental per a la nostra societat.

Carles: Ara jo? Bé... Jo sóc... torero. Vosaltres podeu pensar que un torero més o un torero menys en aquest món, és igual. Però no. De cap manera. Esteu molt equivocats. Un torero és... Un torero té... Jo em jugo la vida cada tarda. Vosaltres no us heu posat mai davant d'un toro. No sabeu el que és això. Jo sí. Els toreros tenim... Quan un torero és a la plaça, la seva mare està resant, la seva dona està resant, tota la seva família està resant... Per què resen? Per un torero. Recordeu aquells versos de García Lorca... Aquells versos que deien... *(Canviant.)* Perdoneu, però és que lo meu és indefensable. No se m'acut res. Com que sóc el que sóc, l'únic que puc fer és tenir una actitud al més torera possible. O sigui que agafeu vosaltres el paracaigudes, que jo no tinc por de la mort.

Ferran: Olé.

Enric: Vinga, et toca a tu.

Ferran: Sí, em toca a mi.

FERRAN fa una passejada, preparant el seu discurs.

FERRAN: Germans... Ens hem reunit aquí... El que vull dir-vos és que mai hauria pensat quan venia cap aquí, il·lusionat, ho he de dir així, per la possibilitat d'aconseguir un càrrec d'alt nivell en una empresa tan important com Dekia, mai hauria pensat, dic, que acabaria fent de bisbe a dins d'un avió en flames. Però bé, la providència té aquestes coses i els designis del Senyor són inescrutables...

Comença a sonar música. És la Dansa hongaresa, núm. 5, de Brahms.

FERRAN: I ara què? Ens hem de posar a ballar?

Sona un telèfon mòbil. És el de MERCÈ.

MERCÈ: Perdoneu, és que estava esperant...
FERRAN: Fes, fes.

MERCÈ el connecta i va a un racó de la sala.

MERCÈ *(al telèfon)*: Laura? Digues... Què?... Hòstia...
FERRAN: Espero que acabi la senyora, no?
ENRIC: Això és... Mozart, oi?
CARLES: Vols dir?
MERCÈ *(al telèfon)*: Quan ha estat?
ENRIC: Sí, a mi em sembla que és Mozart.
CARLES: No.
ENRIC: Segur?
MERCÈ *(al telèfon)*: I com es troba? Què diu el metge?... Sí, es clar que vindré, però estic enmig d'una reunió...

CARLES: Sí, Mozart segur que no.
ENRIC: T'agrada la música?
CARLES: Vaig estudiar una mica de piano.

MERCÈ aixeca la veu. Els altres no poden evitar escoltar-la.

MERCÈ *(al telèfon)*: No dius que no és greu? O és greu o no és greu, Laura, hòstia... Per mi «greu» vol dir «greu»... Ja l'hem ingressat cinquanta vegades. No vindrà ara de... A mi no em diguis això. No hi tens cap dret. Faré el que hagi de fer. Sempre ho he fet... Ni tu ni ningú m'ha de donar lliçons de com... Doncs ja està... Que sí, que vindré... Quan pugui. Au, adéu.

MERCÈ desconnecta el telèfon i el guarda.

CARLES: Algun problema?
MERCÈ: No, res. Us van dir quant duraria, això?
ENRIC: No.
MERCÈ: Continuem.
ENRIC: Vinga, acaba.
FERRAN: Acabo. Escolteu-me bé. Tal com estan les coses en aquest avió, cal prendre decisions ràpides. Jo, ara, amb molta tranquil·litat, amb molta calma, agafaré el paracaigudes, me'l posaré i saltaré de l'avió, i si algú de vosaltres intenta impedir-m'ho, l'únic que aconseguirà és sortir de l'avió abans que jo. Sense paracaigudes, naturalment.
ENRIC: Ei, ho has de fer seriosament.
FERRAN: Ho estic fent molt seriosament. No intenteu oposar-vos a la voluntat de l'església. Tenim més força de la que sembla. Si no m'obligueu a utilitzar la violència i us quedeu a l'avió encara teniu alguna possibilitat. Podeu intentar apagar el foc i que la pallassa aquesta torni a agafar els comandaments.

I bé, això és tot, em sembla que no hi ha tinueu discutint si és Mozart o no. Mo Adéu.

Carles: Però, què dius...

Enric: Això és destrossar el joc. No pots fer-ho.

Ferran *(allunyant la veu)*: Ho sento. Ja no hi sóc. He saltaaaat.

Enric: Has fet trampa.

Ferran s'encongeix d'espatlles. Mercè se'n va al costat de la porteta.

Enric: Si no estàs disposat a seguir les normes, no... Vaja, que així...

Carles: I ara, què?

Enric: No ho sé.

Enric s'acosta a Mercè.

Enric *(a Mercè)*: De debò no et passa res? No he pogut evitar sentir...

Mercè: La meva mare, que està delicada. Res greu.

Enric: Si és un cas de força major, suposo que aquesta gent ho entendrà.

Mercè: Que no és res. Ja l'hem ingressat unes quantes vegades. Després trucaré.

La música s'atura.

Ferran: Oh, s'ha acabat el ball.

S'obre la porteta.

Carles: Ep.

Carles treu un sobre de la bústia.

Carles: No hi ha res escrit a fora. El llegeixo.

Carles obre el sobre i el llegeix.

Carles *(emprenyat)*: Què collons... Això és... No tenen cap dret a...
Mercè: Què passa?
Carles: Una cosa és que fem jocs idiotes, una altra ficar-se en...
Ferran: Què hi diu? Hem de fer un número musical, ara?
Carles: Res. No ho penso llegir.
Ferran: Com que no ho penses llegir?
Carles: El que hi diu aquí no us interessa. Ni a vosaltres ni a ells, que no sé com collons se n'han enterat. Hòstia.
Enric: Però si no ho llegeixes, què fem?
Carles: Aquí parla de mi i de coses concretes de la meva vida que no n'heu de fer res. I, a més, que no tenen res a veure amb la feina.
Ferran: No ho pots fer, això.
Carles: Els que no ho poden fer són ells.
Ferran: És el seu joc. Si no vols continuar, te'n vas. Ens ho han dit ben clar.
Carles: És que una cosa és que et facin proves d'aquestes que hem fet, i una altra que et treguin assumptes personals que són privats i que ningú no n'ha de fer res.
Enric: A mi també m'han tret qüestions personals i ho he acceptat, si no ho acceptes, has de plegar.
Carles: Però és que és molt diferent, hòstia.
Ferran: Tu mateix. O llegeixes i et quedes, o no llegeixes i te'n vas.

CARLES pensa un instant.

FERRAN: Suposo que ja ens podem treure aquests barrets.

Tots es treuen els barrets, excepte CARLES, que continua pensant.

MERCÈ: Ei, Carles.
CARLES: Què?
MERCÈ: El barret.

CARLES es treu el barret.

MERCÈ: Va, vinga, que no tenim tot el dia.
CARLES: Ben mirat, tampoc no és res de què m'hagi d'amagar, ni d'avergonyir, ni de res. De fet, arribarà un moment que serà evident. Llegeixo. «Carles Bueno ha iniciat un tractament hormonal que ha de desembocar en una operació de canvi de sexe. Decideixin si és el tipus de candidat adient per a entrar a treballar a la nostra empresa. Si vostès arriben a la conclusió que no és el perfil ajustat al càrrec, Carles Bueno haurà d'abandonar el procés de selecció.» Ja està.

CARLES va fins a la bústia hi posa el paper i la tanca.

MERCÈ: Carles...
CARLES: Què?
MERCÈ: No, res, que el que acabes de llegir és una mica...
CARLES: Sorprenent.
MERCÈ: Però no és...
CARLES: Doncs mira, sí, ho és.
MERCÈ: Et vols canviar el sexe?
CARLES: Sí.

A Mercè se li escapa el riure.

Mercè: Perdona, però és que...
Ferran: Sisplau. Això és... No tinc paraules. I mira que això em passa poques vegades, però aquest cop, ho he d'admetre. No tinc paraules.
Carles: El que no entenc és com aquesta gent se n'ha enterat. No m'ho explico.
Mercè: És conya, oi?
Carles: No.
Enric: No?
Carles: No. Fa uns mesos, vaig prendre la decisió de tirar-ho endavant. Només fa unes setmanes que he començat el tractament hormonal.
Mercè: Però, Carles...
Ferran: A veure si ho entenc... O sigui que d'aquí a quatre dies et començaran a sortir pits, se't posarà la veu de canari i t'acabaran tallant el pito.
Carles: No exactament així, però bé, sí. M'operaré i seré una dona. Bé, en realitat ja ho sóc.
Ferran: Doncs ho dissimules de conya.
Carles: Poca broma, eh.
Mercè: Carles...
Ferran: Que fort... La gent és la polla. Bé, en el teu cas no exactament la polla... És que té... No m'estranya que estiguis buscant feina, perquè a Rawental, que són de l'opus fins al moll de l'os, et fotran fora abans que et compris les primeres calcetes.
Carles: Per això estic buscant feina.
Enric: I no ho havies dit aquí?
Carles: Per què?
Ferran: No té importància, oi? No afecta gens la feina. Dekia

contracta com a director de marqueting un paio que es diu Carles i al cap d'uns mesos el Carles s'ha convertit en la Carlota. Normal. Jo tampoc els he dit que sóc Hare-Krishna i d'aquí a quatre dies, per sorpresa, rebré els clients cantant «Hare, hareeeee...»

CARLES: I què?

FERRAN: No, res, cap problema.

ENRIC: Home... Que és una mica... Vaja. Una mica... No sé. Que és... Cony. És raro que t'hi cagues.

CARLES: Tampoc pensava amagar-ho. Si em triaven, pensava explicar-ho. Però no abans, volia que això no afectés el procés de selecció.

FERRAN: Ja, i quan t'haguessin contractat, tu els ho explicaves i si et fotien fora els portaves a magistratura.

CARLES: Què dius...

FERRAN: I tal com estan les coses avui dia, amb tanta correcció política i tanta mandanga encara n'hauries tret un munt de pasta.

CARLES: Tu has vist moltes pel·lícules.

MERCÈ: Carles.

CARLES: Què?

MERCÈ: És que no m'ho puc creure. Tu, a la facultat, t'havies enrotllat amb un munt de noies.

CARLES: Perquè no m'havia acceptat tal com sóc.

FERRAN: Toma frase. Nanos, quines vides de culebron que teniu tots plegats. Aquest amb l'atracadora del xat i tu, xutant-te hormones.

MERCÈ: Carles, sisplau. No... No pot ser. Carles, tu i jo, a la facultat...

CARLES: Sí, i què?

MERCÈ: Home, que a mi no em va semblar que tinguessis problemes d'identitat sexual, precisament. Vaja, que... Ja saps què vull dir. Va ser molt... normal. Vaja, millor que normal. Va ser...

Carles: Era una manera d'intentar negar l'evidència.

Ferran: Perdoneu. Perdoneu, però amb això no puc. No vull ser desagradable, però tu... Com t'he de dir, Carles o...?

Carles: Em pots dir Carles.

Ferran: Doncs Carles. No pots pensar seriosament a optar a un càrrec com aquest i, alhora, preparar oposicions per transvestit. És que és marciana, la cosa.

Carles: Un transvestit és una altra cosa.

Ferran: El que sigui, punyeta. Ara sembla que sigui jo el que treballa aquí, però és que em poso en el seu lloc i se'm regiren els esquemes.

Enric: De fet, el que ens han demanat és que ens posem al seu lloc.

Ferran: Doncs ja hi sóc. I dono gràcies per tenir un servei de personal prou eficient per haver descobert tot això abans que pogués fer mal a l'empresa.

Carles: De quina manera pot fer mal a ningú, això?

Ferran: Home, tu mateix.

Carles: En l'oferta, en cap moment han posat limitacions per raó de sexe.

Ferran: I què volies que posessin a l'anunci? «Es busca director de marqueting. Transvestits potencials abstenir-se.»

Carles: No em tornis a dir transvestit.

Ferran: I com t'he de dir?

Carles: En tot cas, transsexual, però el millor és no posar etiquetes a les persones.

Ferran: A veure, per mi, com si et vols transformar en gall dindi, però el que no pots fer és optar a una feina amagant una cosa com aquesta. Si ets transvestit o transsexual o transatlàntic és cosa teva, però aquí estàs optant a un càrrec executiu d'alt nivell. Si no tens clar si ets mascle o femella, vol dir que al teu cervell hi ha un embolic de ca l'ample, i ara que a sobre has començat a xutar-te hormones en vena, les teves pobres neurones poden acabar ballant una jota. Perdona, però tu has d'estar més xiulat que el pito d'un àrbitre.

Carles: Et creus que tens molta gràcia. T'ho diré un cop i no dos. Com em tornis a faltar al respecte, et foto un gec d'hòsties que et posaré els ous per corbata i m'importa una merda la imatge que doni.

Ferran: Ui, que femenina.

Carles: Mecàgon l'hòstia...

Carles s'acosta a Ferran i li clava una empenta.

Mercè: Què feu?

Mercè s'interposa entre ells.

Carles: Si et tornes a passar amb mi et foto una cara nova.

Enric: Tranquils.

Ferran: Tu tens un problema.

Carles: I tu en tindràs més d'un, si no pares.

Mercè: Feu el favor.

Carles: Hi ha coses que no les passo.

Mercè: Calma't.

Carles: Ja està. No passa res.

Ferran: Què esperaves? Que m'hi tornaria? Jo no pego les dones.

Mercè: Va, prou.

Ferran: D'acord. Anem per feina. En el cas d'aquest heu decidit no despedir-lo. Es pot arribar a entendre, sobretot per part de la Carlota. Però ara la cosa no té discussió possible.

Carles: Ah, no?

Ferran: No, i a més ja no cal ni tenir en compte les teves futures sessions de cirurgia. Una persona que, a les primeres de canvi, reacciona utilitzant la violència d'aquesta manera no té cap futur com a executiu.

Carles: Qui no té cap futur és qui menysprea els altres i no els jutja per les seves capacitats professionals objectives sinó a través dels seus propis prejudicis.

Ferran: De debò, Carlota, dius unes frases que... Això on us ho ensenyen, a l'associació gai-lesbiana?

Mercè: Vols parar, sisplau.

Ferran: Callo.

Enric: Bé, aquest cas és més complicat que el meu.

Ferran: I això que, a tu, amb el que et va passar amb la del xat, sí que n'hi havia per a canviar-se de sexe. Callo.

Enric: El problema que ens han plantejat només es refereix al canvi de sexe. Hem de creure que no té res a veure amb les seves aptituds professionals.

Mercè: Jo, què vols que et digui, se'm fa difícil parlar d'això.

Enric: Però ho hem de fer.

Mercè: El Carles és amic meu. L'aprecio, però...

Ferran: Però...

Mercè: És que em costa tant de creure que...

Enric: Això és igual. Treballem-hi. El que hem de fer és tenir en compte tots els factors. Suposo que per l'operació aquesta, quan te la facin, hauràs d'estar molt temps de baixa.

Carles: No tant.

Ferran: El problema no és que estigui de baixa. El problema és que quan torni de la baixa i la seva secretària el vegi vestit de fallera major li pot agafar un col·lapse i quedar-se allà de cos present. Llavors sí que hi haurà un problema de veritat.

Mercè: No pots parlar seriosament de res?

Ferran: Com vols que parli seriosament d'una cosa com aquesta? Si sembla l'argument d'una novel·la de la Bàrbara Cartland: «Carles, el director de màrqueting treballa colze a colze amb el seu subdirector, s'admiren, formen un gran equip... I després de les vacances el director torna transformat en Sofia Loren, l'amor triomfa, es casen, i adopten un nen colombià.»

Enric: Tens raó.

Ferran: En què? En el nen colombià?

Enric: Això no hi ha qui s'ho empassi. Ara ho veig. La prova que tu has de fer és aconseguir que ens creguem que et vols fer l'operació aquesta. Només ens has llegit el que has volgut, i després has tornat a deixar el paper i la bústia s'ha tancat. El que hi posava era que ens havies de fer creure que et volies canviar el sexe.

Carles: Mira, tu, el que hauries de fer és deixar de donar tantes voltes a les coses. Aquí no cal cap òptica nova. Sóc així. Volia ser discret uns quants mesos més, però aquesta gent se n'ha enterat, què vols fer-hi.

Enric: Com es poden haver assabentat d'una cosa així si tu no els ho has dit?

Carles: A mi també m'agradaria saber-ho. Suposo que han parlat amb amics meus i algú els ho deu haver dit. No hi ha gaire gent que ho sàpiga, però n'hi ha.

Enric: Sí, ja. Déu n'hi do, la prova. És bona. Si aconseguies fer-nos empassar una història com aquesta és que eres el millor venedor del món.

Carles: Us dic que és veritat.

Mercè: Ha de ser això. Quan em toqui a mi, vés a saber què em faran fer... Us hauré de fer creure que sóc monja o... extraterrestre.

Carles *(es treu la cartera, busca un paper)*: Mireu, aquí tinc les receptes dels medicaments, i el telèfon del meu metge, el podeu trucar, si voleu.

Enric: Pot estar preparat.

Carles: Com vols que estigui preparat. Jo no sabia que em sortirien amb això. Si porto la recepta és perquè és meva.

Enric: Potser la teva prova ja venia preparada d'abans. Potser han parlat amb tu, t'han explicat el procés i t'han demanat que preparessis una coartada.

Carles: Escolta, que estem en un despatx de la Diagonal, no en una novel·la de l'Agatha Christie.

Ferran: Diu la veritat. Encara que sembli impossible, jo crec que diu la veritat.

Mercè: Com ho saps?

Ferran: Al paper hi posava el que ens ha llegit. L'ha agafat ell de casualitat. No hi havia el seu nom, al sobre. El podíem haver agafat qualsevol. Si haguessin volgut donar-li instruccions només per a ell, al sobre hi haurien posat el seu nom, com han fet amb l'Enric.

Enric: Si venia preparat d'abans és igual.

Ferran: També tens raó, però no ho crec. És tan passat de voltes, que ha de ser veritat.

Enric: Però, llavors, si decidim que no és una persona adequada, se n'ha d'anar. Han dit això, oi?

Ferran: Exactament. Fem-lo fora i un de menys.

Mercè: Bé... Són ells qui han de prendre aquesta decisió, no nosaltres.

Ferran: Està ben pensat. Així no podran dir que Dekia ha fet fora ningú per motius... discriminatoris o el que sigui. Ho haurem fet nosaltres. Ara que, per mi, cap problema.

Mercè: Jo, és que estic convençuda que no és veritat, i si el fem fora, el fem fora per una cosa que és mentida, o sigui que no entenc...

Carles: Per què no us ho voleu creure? El canvi de sexe ja no és una cosa tan estranya com abans. Està científicament comprovat que hi ha homes i dones atrapats en un cos que no els correspon.

Ferran: Nano, parles tan de manual que ja no sé què pensar.

Carles: Deixa'm en pau... Les persones que tenim aquest problema, ara, tenim la possibilitat de solucionar-lo. I no és un camí fàcil, us ho asseguro. Jo he trigat anys a decidir-me. M'han fet proves de tot tipus. Fa sis anys que em visita un psiquiatre i és ell qui m'ha recomanat l'operació. Si voleu que us digui la veritat, aquesta feina comença a no ser tan important per a mi. Ja en trobaré una altra. M'estimo més que em cregueu i que accepteu la possibilitat que una persona vulgui reconduir la seva vida i que ho admeteu com un fet normal. Tu, Enric, tens fills, oi? Imagina que això mateix li passés a un dels teus fills. Oi que voldries que pogués viure amb normalitat? Sempre hi haurà persones com ell, que se'n riuran i que intentaran fer-te sentir ridícul, és inevitable; però tu, Mercè, no ets així, m'agradaria que continuessis sent la meva amiga. Per mi, ara, això és el més important. Jo continuaré sent la mateixa persona, només que una mica més feliç, espero.

Mercè: Carles, no m'ho facis això.

Carles: El què?

Mercè: M'estàs fent sentir com una... No ho sé.

Carles: No pensis en la imatge que has de donar. Ens coneixem. Necessito que els meus amics em comprenguin.

Mercè: És que no sé què dir-te...

Carles: Digue'm que continuaràs sent sempre amiga meva.

Mercè: Bé, tu i jo tampoc no som tan amics. Només ens veiem de tant en tant.

Carles: És igual. Ajuda'm.

Mercè: Què vols que faci, jo?

CARLES: No em facis fora. Tu, no, sisplau.
MERCÈ: Carles...
CARLES: Ells dos em trauran, segur. Però almenys tu...

MERCÈ i CARLES es miren uns instants.

FERRAN: Et puc fer una pregunta?
CARLES: Digues.
FERRAN: Quan hagis acabat de tocar-li la fibra a ella, aniràs per ell, no?
CARLES: No.
FERRAN: Ets hàbil. S'ha de reconèixer que ets hàbil.
CARLES: M'estimo més no tornar a parlar amb tu. *(A la MERCÈ:)* Què hi dius?
MERCÈ: Estic pensant.
FERRAN: Doncs jo sí que vull parlar amb tu. El que estàs fent és pur xantatge emocional. Com que la coneixes i pel que sembla, te la vas fer, ara vols posar-la tendra.
MERCÈ: Escolta, maco, a mi ningú no em fa cap mena de xantatge. Faré el que vulgui i si vam tenir una relació, tu no n'has de fotre res.
FERRAN: Vostè perdoni.
MERCÈ: Carles, si vols que et sigui sincera, continuo sense poder creure'm això del canvi de sexe, però si fos veritat i jo tingués la responsabilitat de contractar-te, no t'agafaria.
CARLES: Molt bé. Esperava que tu... Però és normal. Ho entenc.
MERCÈ: Ho sento.

Sona el mòbil de la MERCÈ.

MERCÈ: Perdona. *(MERCÈ veu qui és i connecta el mòbil.)* Què passa?

Carles: A vosaltres dos no cal que us pregunti.

Enric: No tenim alternativa. Ningú contractaria algú... com tu. És massa arriscat.

Mercè *(al mòbil)*: Però, com ha estat?

Ferran: Doncs jo sí que t'agafaria, encara que només fos per veure si quedes guapa. Potser ets la dona de la meva vida.

Carles: Ets un capullo.

Mercè *(al mòbil)*: Déu meu... Sí, sí, ara vinc. Adéu. *(Penja.)*

Ferran: Sembla que el teu ex se n'haurà d'anar.

Mercè: La meva mare s'ha mort.

Carles: Què dius?

Mercè: Que s'ha mort.

Enric: Hòstia...

Carles: Què ha passat?

Mercè: La tenien a la uvi... Un atac de cor.

Enric: Ho sento.

Carles: Però si fa una estona t'han trucat...

Mercè: Es veu que mentre estàvem parlant ja havia entrat en crisi i la meva germana encara no ho sabia.

Carles: Mercè...

Mercè: Bé, me n'he d'anar.

Carles: Vols que t'hi acompanyi? Jo també me n'he d'anar.

Mercè: No cal. Tinc el cotxe aquí... Merda. Hi hauria d'haver anat quan m'ha trucat.

Carles: Tampoc fa tant... No hauries arribat a temps.

Mercè: Però no hi he anat. M'he quedat aquí. Merda.

Carles: Potser és millor que no condueixis. A mi no em fa res.

Mercè: Gràcies.

Mercè i Carles recullen les seves coses.

Ferran: Em sap greu.

Mercè: A tu?
Ferran: Sí, a mi.
Mercè: Tu, l'únic que penses és... Mira, dos de menys.
Ferran: Sóc una mica malparit, però no tant.
Enric: Estic segur que entendran que te n'has d'anar.
Ferran: Al principi han dit que qui se n'anés, fos pel que fos, quedava fora.
Carles: Com pots ser tan...
Ferran: És el que ens han dit.
Enric: En tot cas, no ets tu qui ho ha de decidir.
Ferran: No, però ho han dit.
Mercè: Espero que t'agafin. Jo ho faria. De fills de puta com tu no se'n troben cada dia.
Ferran: Ei, que jo no he matat la teva mare.

Mercè se'l queda mirant, emprenyada.

Ferran: Què passa? És veritat. No és culpa meva.

Mercè es mira Ferran. Una llarga estona. Carles s'acosta a ella.

Carles: Mercè...

Mercè continua immòbil, mirant Ferran.

Carles: Anem.
Mercè: Em quedo.
Carles: Què?
Mercè: Que em quedo.
Carles: Mercè...
Mercè: Està morta. No ve de mitja hora.

Carles: Com pots dir una cosa així?
Mercè: No puc anar-me'n.
Carles: Però...
Mercè: Tinc els meus motius. És cosa meva.
Carles: No, ja sé que és cosa teva, però...
Mercè: Això deu estar a punt d'acabar.
Carles: O no.
Mercè: Si veig que s'allarga, ja marxaré.
Carles: No entenc res.
Mercè: És el meu problema, d'acord?
Ferran: Es nota que entre la teva mare i tu hi havia carinyo.
Mercè: Digues el que vulguis. A mi no em posaràs nerviosa.
Carles: Això és increïble.
Ferran: El que està clar és que tu sí que has de fotre el camp.
Carles: Mercè, anem. No siguis tonta. No val la pena.
Mercè: Sisplau.

Carles se'ls mira.

Carles: Esteu tots bojos. I jo no sé com he aguantat tanta estona aquesta merda de selecció. És vergonyós que ens facin fer... Si tinguéssim una mica de dignitat, ja fa estona que hauríem d'haver-los engegat a prendre pel sac. Tots.
Ferran: Au, vés a hormonar-te.
Carles: Si només us tenen a vosaltres tres per triar, que no li passi res, a aquesta empresa.
Ferran: Adéu.
Carles: Adéu.

Carles obre la porta i se'n va. Mercè treu un paquet de cigarrets i n'encén un. Agafa el cendrer i se l'acosta.

ENRIC: Perdona, no m'hi vull ficar, però...
MERCÈ: Doncs no t'hi fiquis.
FERRAN: La noia sap el que vol.
MERCÈ: La meva mare faria el mateix.
FERRAN: Collons, quina família.
MERCÈ: Abans és quan l'he cagada. Abans, quan m'ha trucat el primer cop, hi hauria d'haver anat. Ara ja és tard.

MERCÈ va fins a la bústia. Hi pica.

MERCÈ: Vinga nois, que és per avui, a què més hem de jugar?
ENRIC: T'ho torno a dir. És veritat que, al principi, ens han dit que qui sortís de la sala, fos pel que fos, quedava fora del procés, però era una norma que no podia contemplar un fet com aquest. Estic segur que el departament de personal entendrà perfectament que te'n vagis i no ho tindrà en compte a l'hora de prendre una decisió.

FERRAN i MERCÈ se'l miren.

FERRAN: Jo tenia raó. Ets tu.
ENRIC: No, no sóc jo. No tinc res a veure amb aquesta empresa, però és lògic. És un cas... Vaja, més greu no pot ser.
MERCÈ: Treballes aquí?
ENRIC: No.
FERRAN: Ets l'únic que no has dit en quina empresa treballaves, i aquesta manera de parlar, això que li has dit... «El departament de personal entendrà perfectament...»
ENRIC: És que n'estic convençut. Aquesta gent ens ha fet proves estranyes, però tampoc deuen ser uns monstres. A més, no poden esperar que la Mercè mostri una actitud normal, avaluable, tenint en compte el que li acaba de passar.

Mercè: Per mi, aconseguir aquesta feina és molt important. La meva mare no ressuscitarà perquè jo ara corri cap a l'hospital. Ens heu posat unes normes i penso acomplir-les fins...

Enric: Ei, jo no he posat cap norma. Sóc un candidat com vosaltres.

Ferran: I vinga. Insisteix... Molt bé. Si aquest és el joc, hi jugarem. Però que consti que jo t'he clissat des del principi.

Mercè: Trigaran gaire a passar-nos un altre paperet?

Enric: I jo què sé?

Mercè: Perquè em sembla que és evident que el fet de quedar-me demostra l'interès que tinc per la feina. Però si em quedo és per alguna cosa. Si la feina depèn dels jocs aquests, juguem, però ràpid.

La porteta s'obre.

Ferran: Mira, t'han fet cas.

Mercè: Gràcies.

Mercè va cap a la bústia. Enric l'atura.

Enric: Espera.

Enric va fins la bústia i la torna a tancar sense agafar el sobre.

Enric: No cal. Teniu raó. El meu nom és Esteve Ripoll. Sóc psicòleg del departament de personal de Dekia.

Ferran: Ho sabia.

Enric: Quedaven un parell de proves més, però crec que, en vista de les circumstàncies, podem deixar-ho.

Mercè: Gràcies.

Ferran: Des del principi. Que consti. Ara, la teva interpretació, magnífica, ets un actoràs. Espero que no t'hagis molestat per res del que t'he dit.

Enric: Carles Bueno està fora del procés. Només quedeu vosaltres dos.

Mercè: I ara què fareu, com decidireu?

Enric: En base al que hem vist fins ara.

Mercè: Ei, si voleu fer més proves, per mi cap problema.

Ferran: Sí, tu tranquil·la. Ara és cosa de la funerària.

Mercè *(a Enric)*: Ho dic seriosament.

Enric: Bé... Podem fer una última prova. La que hi havia prevista.

Mercè: Durarà gaire?

Enric: Depèn de vosaltres.

Mercè: Doncs, va. Fem-la.

Ferran: Perdona, et puc preguntar una cosa?

Enric: Quan acabem, si voleu, us explicaré les bases de tot el procediment, però abans heu de fer la darrera prova. De tota manera, Mercè, et torno a dir el que t'he dit abans. Entenc perfectament que te n'hagis d'anar. Sou els dos darrers candidats. Us podem convocar un altre dia.

Ferran: Jo no tinc cap problema de tornar un altre dia, però és ella la que ha volgut quedar-se.

Mercè: M'estimo més acabar.

Enric: Segur?

Mercè: Sí.

Enric: Com vulguis. La darrera prova consisteix en el següent. És un joc.

Fa una mirada al sostre, un gest i la porteta s'obre. En treu dos sobres.

Enric: Cada un de vosaltres teniu un objectiu ocult. Heu d'aconseguir acomplir-lo. Qui ho aconsegueixi abans es queda, l'altre ha d'abandonar. Us donaré a cadascú un d'aquests sobres. A dins hi ha una targeta on hi diu el que heu d'aconseguir de l'altre. Ho llegiu, torneu a posar la targeta al sobre i el deixeu sobre la taula. Quan un de vosaltres aconsegueixi l'objectiu, ho demostrarà a l'altre ensenyant-li la targeta, i l'altre abandonarà la sala. Aquesta és una manera d'acabar la prova. N'hi ha una altra. Si un de vosaltres endevina quin és l'objectiu del contrari abans que l'aconsegueixi, pot dir-ho. Si ho encerta, també ha guanyat. Està clar? *(Tots dos assenteixen.)* Jo sortiré i us deixaré sols. Ferran, el teu sobre és el número u. Mercè, el número dos. *(Els dóna el sobre.)* Llegiu la targeta. *(Ho fan.)*

Ferran: Collons. Això és...

Enric: Si no vols fer-ho, hi pots renunciar.

Ferran: No, no. Però és... Suposo que ella també ho té igual de complicat.

Enric: No puc dir res. Torneu-la a guardar. Deixeu el sobre a la taula.

Ferran: A veure, que no m'equivoqui. Si aconsegueixo el que hi posa aquí, guanyo, però si ella ho endevina abans, perdo.

Enric: Exacte. Qui abans aconsegueixi l'objectiu o endevini les intencions de l'altre es queda. L'altre se n'ha d'anar.

Mercè: I si jo sé el que ell vol aconseguir, i llavors miro el sobre i no és allò?

Enric: Fora. Primer ho has de dir, després mires el sobre, si no l'encertes te n'has d'anar.

Mercè: D'acord.

Deixen el sobre a la taula.

Enric: Sort.

Enric surt de la sala.

Ferran: Déu n'hi do, no?

Mercè: Sí.

Ferran: Jo, el meu, és... Bé, si el teu és igual de difícil ens podem passar aquí tota la nit.

Mercè: Jo no tinc tota la nit.

Ferran: No, és clar. *(Abaixant la veu.)* De debò, aquests jocs són... *(Amb el dit índex fa el signe de bogeria.)*

Mercè: Però bé que hi jugues.

Ferran: Amb el que paga aquesta gent, si m'ho demanen, els ballo sobre la taula l'himne de Suècia. Ara, una cosa és això, i l'altra és lo teu.

Mercè: Què?

Ferran: Doncs que no entenc com, amb això de la teva mare, continues aquí com si tal cosa.

Mercè: Continuo, però no com si tal cosa. Tu què hauries fet?

Ferran: No ho sé. No m'ha passat a mi, però... M'agradaria veure com expliques a la teva família que estaves aquí jugant a l'objectiu ocult i que per això no has pogut anar abans a l'hospital.

Mercè: A la meva família no els he d'explicar res.

Ferran: Bé, bé... No és cosa meva.

Mercè: Exactament.

Ferran: Doncs anem per feina, no et sembla? Ens hi hem de posar, perquè la cosa em sembla que serà llarga.

Mercè: Quina cosa?

Ferran: Aquest joc. Hem d'aconseguir que l'altre faci una cosa però no podem anar directes, hem de donar trenta voltes, perquè si ens enganxa, cagada. Aquest està ben pensat. En el fons, això són tècniques de venda.

Mercè: No hi veig la relació.

Ferran: Vendre és això. Jo vaig començar amb excursions de iaios. Els ficava en un autocar amb l'excusa que anaven a veure el castell de no sé què, però l'objectiu autèntic era vendre'ls de tot. Els omplíem la panxa de vi de garrafa, i quan els teníem ben empitofats, els tancàvem en una sala i fins que no compraven el que teníem previst d'allà no sortia ni Déu. Hòstia, com havíem rigut... Un dia vam col·locar dotze rebobinadores de cintes de vídeo a un grup que eren només quinze iaios. Dotze. I et juro que cap dels que les van comprar tenia vídeo.

Mercè: Estàs casat?

Ferran: Per què m'ho preguntes?

Mercè: Per saber-ho.

Ferran: No, no estic casat.

Mercè: Com és?

Ferran: Vocació. I tu, estàs casada?

Mercè: No, tampoc. Però he viscut en parella.

Ferran: Ah, molt bé. Me n'alegro.

Mercè: Fills?

Ferran: No, que jo sàpiga.

Mercè: Què vol dir «no, que jo sàpiga»?

Ferran: Tens raó. És una resposta idiota. Com si els tios no ho haguéssim de saber, si tenim fills o no. Jo sempre he anat amb molt de compte, però si algun cop n'hagués deixat prenyada alguna, ho hauria callat? I una merda. M'hauria trucat amb el predíctor encara calent. No, no tinc fills.

Mercè: T'agrada la música?

Ferran: No, no m'agrada. I que consti que t'estic deixant portar el pes de la conversa perquè vull. No et creguis que controles res.

Mercè: Què és el que t'agrada?

Ferran: La meva feina.

Mercè: Tens amics?
Ferran: És clar que tinc amics.
Mercè: D'on són?
Ferran: Doncs... D'on són tots els amics. D'aquí i d'allà.
Mercè: Però són amics de debò?
Ferran: No, són ninos inflables.

Mercè encén un altre cigarret.

Mercè: Fumes?
Ferran: No.
Mercè: Vols que et digui el que en penso, de tot això? Que no crec que ens agafin. Ni a tu ni a mi.
Ferran: Per què?
Mercè: Intuïció.
Ferran: I a qui vols que agafin, la teva amiga d'Esade?
Mercè: Tinc la sensació que estan jugant amb nosaltres.
Ferran: Dona, això està clar des de fa estona. Però aquests psicòlegs són així. Encara que no ens han fet jugar a les cadires musicals o a imitar sorolls d'animals...
Mercè: Jo tinc com un sisè sentit. Sempre l'he tingut. Quan em volen enganyar em salta una alarma, i aquí fa estona que està sonant.
Ferran: Ara vas per feina, eh? Què vols, fer-me creure que tot això és una enganyifa? És això el que has d'aconseguir? No, si fos això no hauries anat tan directa. M'estàs provant... Ja t'ho he dit. Jo sí que tinc el cul pelat d'enganyar la gent, em conec tots els trucs.
Mercè: Pensa el que vulguis. Crec que no ens donaran la feina, però també hi ha alguna cosa que em fa quedar. Curiositat, suposo.
Ferran: Doncs ha de ser una curiositat de l'hòstia. Perquè se

t'ha mort la mare i estàs aquí fent-la petar. Tu ets d'aquelles que pateixen per la gana al món i que dóna diners a Metges sense fronteres, però se't mor la mare i et sap el mateix greu que si se t'hagués covat l'arròs.

Mercè: I tu ets un merda que et penses que pots dir a la gent el que et passi pels collons. El Carles abans no t'ha fotut l'hòstia que et mereixes, vés amb compte que no te la foti jo.

Ferran: Perdona, no t'ofenguis. Si jo admiro la teva actitud. La teva mare està morta, en això ja no hi pots fer res, però aquí tens una oportunitat per aconseguir una feina de nassos i lluites per guanyar-te-la. No et retiraràs a última hora per vint minutets de res. Jo admiro les persones pràctiques i tu ho ets. Em caus bé. De debò. Se't veu que ets una dona que sap el que vol. Mira, t'ho diré. Si m'hagués passat el mateix que t'ha passat a tu, m'hauria agradat reaccionar de la mateixa manera. Quan et guanyi em sabrà greu i tot. Ens podrien agafar a tots dos. Faríem un bon equip, no trobes?

Mercè: Has estimat mai algú?

Ferran: Cony, quins canvis que fas.

Mercè: Si no vols, no contestis.

Ferran: No, cap problema. Una dona, vols dir?

Mercè: Sí, una dona.

Ferran: Doncs... no ho crec. Ara, et diré una cosa però no sé si et servirà. Un cop vaig demanar a una dona que es casés amb mi.

Mercè: I et va dir que no.

Ferran: Em va dir que sí. Anava sobre segur. Si no, no li ho hauria demanat.

Mercè: I després la vas deixar, oi?

Ferran: La setmana següent.

Mercè: No és cert.

Ferran: Ah, no?

Mercè: No. T'he dit que tinc un sisè sentit.

Ferran: Doncs nena, si els altres cinc funcionen com aquest, fes-t'ho mirar.

Mercè: Per què et va deixar?

Ferran: Que la vaig deixar jo... És igual. Estic intentant esbrinar on vols anar a parar amb totes aquestes preguntetes, però em sembla que encara no has començat. Estàs tirant focs artificials. Vas cap a una banda que no té res a veure per, després, quan em tinguis embolicat, atacar per sorpresa, però no te'n sortiràs, maca. Porto massa estona aquí dins per deixar-me enxampar. O sigui, que si vols continuar perdent el temps per aquesta banda, endavant. De temps en tinc molt més que tu. Si continues amb aquesta estratègia fins i tot faràs tard a l'enterro.

Mercè: Ja t'ho he dit abans. A mi no em faràs perdre els nervis amb els teus comentaris idiotes. Als cínics, jo els dono deu voltes.

Ferran: No sóc un cínic. Si fins i tot estic començant a apreciar-te.

Mercè: Què, ja tens alguna idea de quin és el meu objectiu?

Ferran: No, però quan la tingui seràs la primera a saber-ho.

Mercè: Estàs massa segur de tu mateix. Ningú no és així. Estic convençuda que és una postura. Una manera de defensar-te.

Ferran: Perdona que sigui jo qui et canviï el tema, ara. No et pensis que no m'agrada parlar de mi. És un dels meus temes preferits, però, t'ho he de dir, pateixo per tu. T'estan esperant a l'hospital... Em sembla que seria millor que ho deixessis. No te'n sortiràs, amb mi.

Mercè: I tu, amb mi, sí?

Ferran: Doncs segurament. Encara que sigui per esgotament, me'n sortiré. Reflexiona una mica sobre la situació en què et trobes. La teva mare acaba de morir i tu estàs aquí, intentant aconseguir que un paio que no coneixes de res, faci vés a saber què. És una cosa completament absurda. La feina és un caramel, això és indiscutible, però... vols dir que mereix el que estàs fent? Si te'n vas ara no hauràs de donar cap explicació. Arribaràs un quart d'hora més tard del que hauries trigat si te n'haguessis anat quan t'han trucat. Pots posar qualsevol excusa. Ara estic intentant ser sincer amb tu. Si el teu objectiu és semblant al meu, i suposo que ho ha de ser, és impossible que te'n surtis. Si te'n vas a l'hospital, et sentiràs molt millor amb tu mateixa i el resultat serà el mateix, perquè no em podràs guanyar per molt que t'hi escarrassis.

Mercè: No pot ser.

Ferran: Què?

Mercè: No pot ser tan fàcil. O sí. Tu dius que em guanyaràs, encara que sigui per esgotament... I intentes convence'm... Podria ser que el teu objectiu fos... No estic afirmant res, encara. Estic pensant en veu alta. Per això, en tota aquesta estona, ben bé no has intentat res, perquè l'únic que has de fer és esperar... Si el teu objectiu és que jo me'n vagi voluntàriament... No ho estic dient, encara, només...

Ferran: Estàs pensant en veu alta.

Mercè: Però si fos aquest l'objectiu, tota aquesta argumentació que has fet seria massa barroera, massa evident. És clar... Ja ho veig... M'has posat la mel a la boca per veure si picava. El que volies era que jo m'ho cregués, mirés el sobre i la cagués. Bon intent, però no. Ho sento, noi.

Ferran: Ui, com et compliques. No hi havia cap interès ocult. T'ho he dit amb tota la bona fe.

Mercè: Sí, segur.

Mercè mira el rellotge.

FERRAN: Si vols trucar...
MERCÈ: No, no vull trucar.
FERRAN: Doncs la teva germana et trucarà aviat. Què li diràs?

MERCÈ desconnecta el mòbil.

MERCÈ: Ara ja no em trucarà.
FERRAN *(mig decebut)*: Oooh.
MERCÈ: Què?
FERRAN: Si gairebé no he hagut de fer res...
MERCÈ: Què passa?
FERRAN: I si et digués que el meu objectiu era una cosa tan simple com que et desconnectessis el móbil?
MERCÈ: No fotis.

FERRAN agafa el sobre i treu la targeta.

MERCÈ: Merda!

FERRAN es mira la MERCÈ i torna a guardar la targeta i a deixar el sobre a la taula.

FERRAN: No. No és aquest.
MERCÈ: Ets un... Molt graciós.
FERRAN: Perdona, no m'ho tinguis en compte.
MERCÈ: Saps per què m'he quedat? Perquè em caus tan malament que em volia donar la satisfacció de fotre't.
FERRAN: La teva mare se sentiria orgullosa de tu.
MERCÈ: Tu deus ser orfe, oi.
FERRAN: Orfe?
MERCÈ: Si tinguessis mare, no faries tanta conya.
FERRAN: Tinc mare i pare.

Mercè: Espero que no necessitin mai res de tu.

Ferran: Tot el que necessitin de mi, ho tindran. I mira, això, ni tocar-ho. Puc semblar el que sigui, però, per a mi, els meus pares són el primer. O sigui que no insinuïs ni per un moment que jo puc ser com tu. I no parlo d'una situació com la teva, que és de jutjat de guàrdia. Et parlo de tota una vida. Et parlo de no fallar-los mai. Els meus pares m'han donat tant, que per molt que faci, per molt que intenti tornar-los només una petita part de tot el que els dec, mai arribaré a acostar-me a la seva generositat. Ara m'has tocat la fibra, tu... Saps per què no he tingut fills? Perquè crec que mai podria arribar a estimar-los com els meus pares m'han estimat a mi. El meu pare... Tu ets una nena de casa bona, ja se't veu. Jo no, jo sóc de barri. El meu pare era revisor de la Renfe. Revisor de la Renfe tota la puta vida. Fotia més hores que un rellotge. Hi havia nits que no dormia a casa. Quan tornava, sempre em portava un regal. Coses petites. De vegades només un caramel. Però sempre, i quan dic sempre és sempre, em va portar alguna cosa. Només era un detall, però un detall que volia dir que mai, en cap moment, mai s'havia oblidat de mi. De tant en tant, passava una setmana fora, llavors la meva mare, el dia abans que tornés, comprava faves i, entre els dos les pelàvem, i la meva mare li feia faves a la catalana, que era el plat que més li agradava. No entens de què et parlo, oi? A casa teva no es menjaven faves, és clar. Doncs a la meva sí, i per mi, ajudar la meva mare a preparar les faves del meu pare era el màxim. Encara ara, de tant en tant, li fem faves d'amagat. I encara ara, que tinc quaranta anys, el meu pare m'agafa del braç i em diu: suposo que has ajudat la mare a pelar les faves, i em fot un calbot, com quan tenia sis anys i tu no ho pots entendre, però veig els ulls del meu pare i sé que encara se sent orgullós de mi. I la meva mare, igual. Però tu no tens ni puta idea del que estic dient. Tu et desconnectes el mòbil. Que no vas anar mai al llit dels teus pares, quan tenies por a la nit? Què et penses, que la teva mare no tenia por, avui? Saps què és el més important en aquesta vida, per a mi? Saps per què treballo, per què vull prosperar en la meva feina? T'ho diré, encara que no ho entenguis. Vull que el meu pare i la meva mare puguin mirar-me sempre amb aquells mateixos ulls d'orgull amb què em miraven quan tenia sis anys i feia les coses ben fetes. Per això lluito, collons. Per això estic disposat a tot, a posar-me un barret de capellà i al que faci falta. Perquè vull que els meus pares sàpiguen que ho he aconseguit. I tu em dius cínic a mi? Creus que això que fas demostra que ets molt forta, que aquesta feina és molt important per a tu? L'únic que demostra és que no tens valor. No tens collons d'enfrontar-te a la vida. I abans, vas i em preguntes si he estimat mai a ningú... Escolta'm bé perquè potser aprendràs alguna cosa, avui. Arribarà un dia, nena de casa bona, que et caurà el cul i els pits et penjaran com un mitjó, arribarà un dia que de la teva brillant carrera només en quedarà un pla de pensions escarransit, arribarà un dia que tot lo bo ja haurà passat. Aquest dia ja els ha arribat, als meus pares, però em tenen a mi, sempre em tindran a mi, fins al final, i faré tot el que calgui perquè pensin que la seva vida ha tingut sentit. Tu, què tindràs? Res. Voldràs mirar enrere i només hi haurà merda.

FERRAN es queda mirant MERCÈ, fixament.

MERCÈ: Déu meu...

MERCÈ està plorant.

Ferran: Estàs bé?

Mercè treu un kleenex i es moca.

Ferran: Perdona, però és que m'ho han posat molt fàcil.

Ferran agafa el sobre, treu la targeta i la posa al davant de Mercè.

Ferran: T'havia de fer plorar.

Mercè llegeix la targeta.

Mercè: Ets un fill de puta.
Ferran: Però tinc raó, oi?

Mercè recull les seves coses.

Ferran: Per cert, la meva mare és morta i amb el meu pare fa quinze anys que no ens parlem.
(Mercè li fa una darrera mirada i se'n va. Ferran s'ha quedat sol. No sap ben bé cap on mirar...)
Ja està, no?... Què hem de fer, ara? Surto, em quedo, m'espero...? Jo sóc respectuós amb les regles, heu dit que si sortíem, quedàvem fora. Doncs jo m'espero. *(Ferran seu. Uns segons... Agafa el seu maletí.)* No us fa res que acabi de llegir el diari, oi? *(Ferran treu el diari i es posa a llegir. Està llegint durant una estona. De sobte, tanca el diari i s'aixeca.)* Bé, tampoc em quedaré a dormir aquí. Em sent algú? *(Ferran va fins a la bústia i hi pica com si fos una porta.)* Hola! Hi ha algú?... Ei, surto un moment, però només per veure si hi ha algú. *(Ferran va fins a la porta doble. Intenta obrir però no ho aconsegueix.)* Què collons...! Ei, que això no s'obre! No fotem broma, eh? *(Ferran va fins a la porta lateral. Ho intenta*

però també està tancada.) Què és això, un altre joc d'aquests? No n'heu tingut prou? I ara què espereu que faci, que l'obri a patades? *(FERRAN va a la finestra i intenta mirar a l'exterior, la finestra tampoc no es pot obrir.)* Si voleu posar a prova la meva paciència, ho esteu aconseguint. He fet tot el que heu demanat. Això ja és una mica... per tocar el que no sona. *(FERRAN treu el telèfon mòbil i fa una trucada.)* Dekia?... Em podria posar amb la secció de personal?... No hi ha ningú? Què vol dir que no hi ha ningú? Jo estic a la secció de personal... Sí, aquí, a l'edifici. He vingut a una entrevista... Bé, una entrevista... no em faci parlar. Hi ha d'haver algú. Torni-ho a provar en una altra extensió... No, senyor, no se n'han anat, no se'n poden haver anat. Porto aquí més d'una hora amb tres persones més... No, o sigui, no, a veure si m'entén, les quatre persones que hi havia no se n'han anat, perquè jo estic aquí dins i no me n'he anat perquè no puc obrir la porta... Estava amb un tal Esteve Ripoll, un psicòleg del departament de personal... No em digui que no hi ha ningú que es digui així, perquè... No, les quatre persones no han firmat la sortida... Com vol que hagi firmat la sortida si encara estic a dintre? Vol fer el favor de pujar i obrir-me, estic en una sala de reunions de la planta onze... A la planta onze no hi ha cap sala de reunions? Començo a estar fins els collons, de tot això. No, no és cap broma... No sóc el seu cunyat Marià. Faci el fotut favor de pujar ara mateix... A cagar, te'n vas tu. *(Li han penjat el telèfon.)* Molt graciosos, eh, molt graciosos... *(FERRAN torna a intentar obrir la porta.)* De què es tracta? A veure qui es cansa abans? Si d'aquí a cinc minuts no m'heu obert truco als bombers. *(FERRAN seu.)* Per cert... *(FERRAN agafa el sobre de la MERCÈ, l'obre i mira la targeta.)* Està en blanc. *(S'obre la porta lateral i entra MERCÈ. Du una carpeta sota el braç.)*

Mercè: Senyor Augé... Perdoni. Sóc Neus Porta, psicòloga del departament de personal.

Ferran: Què?

Mercè: L'entrevista ja s'ha acabat.

Ferran: Què vol dir, això?

Mercè: Li presento els meus companys. *(Entren Carles i Enric amb amples i cordials somriures, i també amb carpetes sota el braç.)* Miquel Garcia. Esteve Ripoll.

Carles: Encantat.

Enric: Molt de gust.

Es donen la mà en silenci. Ferran no sap què dir.

Mercè: També són psicòlegs del departament. Entenc que estigui sorprès. Reconec que no es tracta d'un sistema habitual...

Ferran: Ei, molt bo, hi ha hagut un moment que ho pensat, però... Bé, després he dubtat i no... Si hagués durat una mica més ho hauria lligat.

Mercè: Vostè ho creu?

Ferran: Segur.

Mercè es queda en silenci uns segons.

Mercè: Podria esperar un moment a fora?

Ferran: Sí, és clar.

Ferran va cap a la porta. Es tomba cap als psicòlegs, els fa un somriure irònic.

Mercè: Està oberta.

FERRAN obre la porta i surt, tancant darrere seu.

ENRIC: Què passa?
MERCÈ: Va, provem-ho.
CARLES: No tenies tanta pressa?
MERCÈ: Potser teniu raó. No ho crec, però...
ENRIC: No ho sé... Jo tampoc no n'estic segur, però...
CARLES: Per provar-ho no hi perdem res.
ENRIC: A més, amb aquest, amb la quantitat de mentides que ha dit, ho tenim de conya per posar-lo a caldo.
MERCÈ: Però anem ràpid, sisplau. Teniu l'expedient?
CARLES: Sí.
MERCÈ: Bé, doncs el matxaquem i a veure com reacciona. Si es queda i lluita, en parlem; si se'n va, a prendre pel sac. Vés-lo a buscar.

CARLES va a buscar-lo. FERRAN torna a entrar.

MERCÈ: Segui, sisplau.

Tots quatre seuen.

MERCÈ: Fa molt poc que estem implementant aquest tipus de prova. És un test desenvolupat per Isaïes Grönholm, un psicòleg suec que és el cap del nostre departament de personal a la central d'Estocolm. El que pretén és avaluar la resposta del candidat davant de diferents estímuls emocionals. Mesura el que ell anomena «intel·ligència creativa».
FERRAN: Collons amb el Grönholm...
MERCÈ: No pateixi per no haver descobert qui érem nosaltres. No era això el que s'avaluava.
FERRAN: Però... No ho entenc, tu... Vostè ha dit que treballava a Rawental i coneixia gent d'allà.

Carles: Vaig treballar per Rawental i encara hi tinc molts amics. Hem pensat que em donaria credibilitat davant de vostè.

Ferran: Ja ho veig... Molt bo, això del canvi de sexe.

Carles: Gràcies.

Mercè: Espero que no s'hagi molestat per cap de les coses que han passat aquí.

Ferran: No, no. En absolut.

Enric: Com pot suposar, tot és confidencial.

Mercè: Amb sinceritat, el que més ens ha sorprès de la seva actitud és que no ha demostrat empatia en cap dels tres casos.

Mercè consulta els papers de la carpeta.

Mercè: Sabem que després de la mort de la seva mare va estar un any sense treballar, que va estar casat i la seva dona el va abandonar, i tenim els informes de la seva baixa per depressió; també sabem que té un germà homosexual. Li hem presentat tres situacions semblants i no hi ha hagut ni una ombra de compassió. És clar que no es deixa influir per les motivacions personals, però...

Ferran: D'on ho han tret tot això?

Carles: Vostè ha estat tota la sessió mentint, literalment.

Ferran vol parlar, però...

Enric: Sí, ja entenem que ha fet el que considerava més adequat per guanyar les proves i aconseguir el càrrec, i això ho valorem, però...

Carles: Sap què és l'efecte boomerang?

Ferran: Bé... No.

Mercè: S'ha d'anar amb compte amb l'agressivitat perquè es pot tornar en contra seva, i sobretot en el seu cas. Per què? Perquè era una agressivitat impostada. No era real. Era una actitud externa. Què pot passar amb una persona com vostè davant d'un conflicte?

Carles: Que generi un conflicte més greu.

Enric *(dirigint-se a Mercè i Carles)*: En això tots, hi estem d'acord, però potser, al final, l'hauríem d'haver deixat més temps sol, per observar què feia. En el protocol es dóna molta importància al moment en què es queda sol i...

Mercè: Sí, home... Per un dia que puc arribar a casa abans que em fiquin els nens al llit, he de perdre el temps observant aquest hipòcrita.

Ferran: Escolti...

Mercè: Potser el posat d'home dur li dóna algun resultat a la seva merda de laboratori, però aquí era completament inadequat. Les seves decisions han estat correctes, no dic que no, però les formes... S'ha de ser malparit, però que no es noti tant, collons.

Carles: És el contrari del perfil que busquem. És que... Vaja, tal com jo ho veig... Miro el seu historial i vostè, en el fons, sembla una bona persona.

Enric: I culte. Quan hem posat la música i hem comentat si era Mozart, ens ha mirat i ha deixat anar un «Mozart...» despectiu. *(A Ferran:)* Sabia perfectament que allò no era Mozart, però s'ho ha callat, per no donar una imatge massa intel·lectual. M'equivoco?

Ferran: Perdonin, però...

Mercè: No busquem una bona persona que sembli un fill de puta. El que necessitem és un fill de puta que sembli bona persona.

Carles: Per entendre'ns, l'ha cagat de dalt a baix.

Mercè: Té sort que això no sortirà d'aquí perquè ha fotut molta pena. *(Mira el rellotge.)* És tardíssim. *(Mirant als psicòlegs.)* Estem d'acord, no?

Carles: Completament. Per mi, ni pensar-hi.

Mercè: Esteve?

Enric: No, no, ara ho veig. Seria un greu error contractar-lo.

Mercè: Bé, ho sento. Crec que és millor que ho sàpiga ara i així no perd espai mental conservant alguna esperança.

Carles: I d'espai mental no li'n sobra, precisament.

Mercè: Ja hem acabat. Moltes gràcies.

Tots tres s'aixequen i recullen els papers. Ferran es queda assegut. Mercè agafa l'expedient Augé de la carpeta, l'estripa i el llença a la paperera.

Mercè: A quina hora tenim el de demà?

Enric: Al matí, a les deu. He de fer allò del fill deficient, no?

Mercè: No, amb el de demà és l'atac epilèptic i després...

Enric: Ah, sí, sí. És veritat.

Mercè *(a Ferran)*: Sap com sortir, oi?

Ferran se'ls mira uns instants, valorant què ha de fer. Agafa el seu telèfon mòbil i fa una trucada.

Ferran *(al telèfon)*: Hola, nano... Sí, sí, ja estic. Escolta, que vindré al sopar... No, al contrari, m'han donat el lloc. Si volien que firmés el contracte i tot, però a l'últim moment he tingut una il·luminació i els he engegat a la merda... Tal com t'ho dic. Els he dit que no, que gràcies, però que es podien fotre la seva empreseta pel cul... Perquè estan com un llum. Una colla de pirats, t'ho juro. Ens han fet unes proves... Quan t'ho expliqui no t'ho creuràs... *(Mentre va parlant Ferran s'aixeca i recull les seves coses. Els altres tres l'observen. Ferran* *ni se'ls mira.)* Estan com una puta cabra. No treballaria en aquesta empresa ni que me la regalessin... Doncs ens han ficat a una sala als quatre que teòricament aspiràvem al lloc... Sí, sí, als quatre junts, però espera que la cosa és de bojos...

Ferran sense deixar de parlar va cap a la porta, l'obre i se'n va. Tanca darrere d'ell. Un cop sols, els tres psicòlegs es miren.

Enric: D'acord. Tenies raó.
Mercè: I què més?
Enric: Com sempre.
Mercè: És un merda, estava clar. Però bé, així us heu quedat tranquils. Vinga, cap a casa.

Carles i Mercè van per sortir alhora per la porta lateral.

Carles *(a Mercè)*: Passa, passa.
Mercè: No, passa tu.
Carles: Sisplau.
Mercè *(fent broma)*: Per què? Perquè sóc una dona?
Carles *(igual)*: Sí, perquè ets una dona. *(Imitant el Ferran.)* Amb un cul i dues mamelles, com totes les ties.
Mercè: És que s'ha de ser idiota.

Surt Mercè. Darrere seu, Carles. L'últim és Enric, que apaga els llums.

Fosc.

Darrers títols publicats

28. Howard Barker
    Escenes d'una execució
    Versió de Quim Monzó

29. Àngel Guimerà
    La filla del mar
    Pròleg de Joan Martori

30. Michel Vinaver
    11 setembre 2001
    Eurípides
    Les troianes
    Adaptació de Michel Vinaver
    Traducció de Jaume Melendres
    Pròlegs de Jaume Melendres,
    Michel Vinaver i Ramon Simó

31. Eduardo de Filippo
    Dissabte, diumenge i dilluns
    Traducció de Sergi Belbel
    Pròleg de Gabriella Gavagnin

32. David Plana
    Paradís oblidat
    Dani Salgado
    El clavicèmbal
    Neil LaBute
    Excés
    Traducció d'*Excés* Carlota Subirós
    Pròleg de Sergi Belbel

33. Josep M. de Sagarra
    El Cafè de la Marina
    Poema en tres actes
    Proleg de Miquel M. Gibert